イラストでよくわかる

料理の基本とコツ

ミニマル ＋ BLOCKBUSTER
監修：佐々木麻子

彩図社

はじめに

料理は得意とはいえないけれど、嫌いではない。
自分で食べるレベルなら問題なくおいしいけど……。
そんな感覚の人って、けっこう多いはず。
人は毎日何かを食べるのだから、そこそこ長く生きていれば、
誰でも得意料理のひとつやふたつはあるでしょう。
でも、思いを寄せる人に自信を持って、その料理を出せますか？

衣食住のひとつ「食」を支える「料理」は、身近にある宇宙です。
その奥義を極めようとすると、深い迷宮が我々を待っています。

ただ、そんな料理の奥深い世界も第一歩は、やはり「基本」から。
食材の選び方、だしの取り方、基本調味料の使い方などを
改めて意識するだけで、日々の料理の色彩は驚くほど変わります。

本書では、食材の扱い方から、煮る・焼く・炒めるなどの調理の基本、気分が盛り上がる盛りつけ術、食材の保存方法やつくり置きのコツまで、幅広いテーマで日々の料理がワンランクアップするノウハウを紹介。

さらに、料理研究家による一歩踏み込んだアドバイスも盛り込みました。

毎日キッチンに立っているあなたにもきっと意外な発見があるはず。ちょっとした工夫ひとつで、料理の時間が楽しくなり、食卓も華やかに、そして家族や恋人との会話もぐっとはずむようになる……。
そんな笑顔のサイクルを皆さんにも味わっていただきたいです。

『イラストでよくわかる　料理の基本とコツ』
編集担当　ミニマル　丸茂アンテナ

イラストでよくわかる 料理の基本とコツ もくじ

はじめに 2
料理前の準備5ステップ 6
基本の調理器具 8

第一章 おいしさアップの準備術 11

食材の見分け方 12
食材の切り方 16
食材の下処理 20
乾物の戻し方 27
だしの取り方 28
麺・パスタのゆで方 30
【コラム】ゆで卵完全攻略術 32

第二章 基本を押さえる調理術 33

調理時間の目安 34
スライサー・おろし器 37
焼く 38
鍋・フライパンの洗い方 43
炒める 44
煮る 46
材料を入れるだけ炊飯器レシピ 50
揚げる 52
レシピの読み方 54
手ばかり・目ばかりのコツ 56
電子レンジ活用法 58
【コラム】お米をおいしく炊くコツ 60

第三章 気分が上がる盛りつけ術 61

和のテーブルコーディネート 62

和の盛りつけ 64
洋のテーブルコーディネート 66
洋の盛りつけ 68
大皿の盛りつけ 70
ホームパーティのコツ 72
お弁当の基本 74
お弁当の傷みを防ぐ 76
「いいね！」がもらえる料理写真のヒント 78
【コラム】フライパンで同時に3品 お弁当テク 82

第四章 食材の保存＆つくり置きのコツ 83

賞味期限の目安 84
野菜・果物の保存 86
肉・魚の冷凍保存 90
肉の部位とオススメ料理 94
自家製！冷凍食品 95
その他の冷凍保存 96

カンタン常備菜9品 80

冷凍NGの食材 98
解凍のテクニック 99
つくり置き＆アレンジレシピ 100
【コラム】50℃洗いってなに？ 106

第五章 調味料・ハーブの使い方 107

合わせ調味料 108
基本の調味料 110
ハーブの基本 116
味つけのタイミング 120
隠し味でおいしく 123
お役立ち100均グッズ 124

参考文献 126
監修者紹介 127

料理前の準備5ステップ

料理を
する前に…

献立を何も決めずに買い物に行って、スーパーでさんざん迷った挙げ句、帰ってきたら基本の調味料がなくて、料理ができない……なんて経験ありませんか？料理の基本は下準備。まずは料理前の流れを見ていきましょう。

ステップ1

ストックを確認する

肉、魚、卵、乳製品、野菜類など、賞味期限のある食材のストックを確認。早めに使ったほうがいい食材をチェックしましょう。

ステップ2

メニューを考える

使い切るべき食材をキーワードにメニューを考えます。レシピサイトで食材をキーワードに検索してみるのもいいでしょう。

ステップ3 買い物リストをつくる

メニューが大まかに決まったら、レシピをもとに買い物リストを作成。スーパーなどで迷う時間をセーブすることができます。

ステップ4 基本の調味料をチェック

買い物前に忘れてはいけないのが、基本調味料のチェック。砂糖、塩、酢、しょうゆ、みその「さ・し・す・せ・そ」をはじめ、料理酒、みりん、ドレッシングなども確認を。

これでムダがない!

ステップ5 できる下準備をしておく

冷凍肉や魚の解凍、炊飯ジャーのセット、食材の下味つけなど、20〜30分前にしておくとスムーズな作業を済ませておきましょう。

いざ、買い物へ!

GO!

鍋、フライパン、ボウル

調理のさまざまな場面で大活躍する鍋やフライパン。料理の幅を広げるためにも、2サイズは揃えたいところです。

料理をする前に…

基本の調理器具

焼く、炒める、煮る、揚げる……いろいろな料理を楽しむなら、調理器具は一通り揃えたいところ。これがあれば安心というキッチンのマストアイテムを集めてみました。

両手鍋・大
（直径20センチ以上）

片手鍋・中
（直径18センチ程度）

パスタ鍋・大
（深さ20センチ以上）

やかん

フライパン・大
（直径24センチ以上）

フライパン・小
（直径18センチ程度）

フライパン
（卵焼き）用

ボウル（中・小）

ザル（中・小）

家庭料理なら、これだけあれば十分です

イラストでよくわかる　料理の基本とコツ

包丁、はかり、おたまなど

調理の場面では、食材や調味料をたびたび計量します。包丁や栓抜き、ハサミ、おたまなどに加えて、はかりや計量カップなども揃えておきましょう。

包丁　　ペティナイフ　　キッチンばさみ　　まな板

缶切り　　栓抜き　　キッチンタイマー　　ピーラー（皮剥き器）

鍋つかみ　　はかり　　計量カップ　　計量スプーン

しゃもじ　　菜箸　　フライ返し　　おたま

本文イラスト：後藤亮平（BLOCKBUSTER）

【第一章】おいしさアップの準備術

おいしい料理をつくるには、しっかりとした下準備が欠かせません。料理の味を左右する食材の選び方から、食材の切り方、下処理、ゆで卵を思い通りのかたさにする方法まで、知っておきたい下準備の基本とコツをまとめました。

どれが新鮮なの？

夫：これとこれ、どっちが新鮮ですかね？
店員：産地直送なんで全部新鮮だよ！
妻：そりゃそう言うわよね……。

食材の見分け方

新鮮な野菜や果物、肉、魚の見分け方がわかると、毎日おいしいものを手に入れられる上に、食材のロスも減ります。結果として節約につながるので、しっかり覚えておきましょう。

おいしさアップの準備術①

新鮮な野菜の見分け方

☐ 葉で check！

葉は野菜の鮮度を測る重要なポイント。葉の緑が濃くてみずみずしく、しおれていたり黄色くなったりしていないものを選びましょう。

ホウレン草・小松菜
全体的にみずみずしく、葉肉が厚いもの。葉先がピンと張っていて、緑が濃いものを選ぶ。

大　根
葉が新鮮で黄色くないものを選ぶ。肌が白くツヤとハリがあり、毛穴が少ないものが良品。

> **ポイント** 葉つきの大根を買った場合はすぐに葉を切り離しましょう。葉をつけたままにしておくと、葉に水分を取られ、大根の食感が悪くなります。

イラストでよくわかる　料理の基本とコツ

ヘタで check！

ヘタの切り口が乾燥しすぎているのは、鮮度が落ちているサイン。ヘタやその周辺には鮮度のヒントが隠れているので、欠かさずチェックするようにしましょう。

トマト
ヘタがみずみずしい緑色でハリがあり、周辺にヒビがないもの。全体がかたくしまっているものが良品。

バナナ
黒い斑点があるもの、軸の近くがもげそうなものは熟している合図。全体に青みがあり、皮がかたいものは追熟を。

ピーマン
ヘタがピンとしていて、弾力があるもの。全体にツヤがあり、緑の濃いものを選ぶ。

ピーマンはヘタの周りがシワシワのものは要確認！

茎や芯で check！

収穫した後に根を切り取って店頭に並べられている種類の野菜は、芯の部分の色などをチェックすると、鮮度が一目瞭然。新鮮なものを選びましょう。

キャベツ
芯が割れていたり、黒ずんでいるものはNG。重量感があり、葉の巻き具合がしっかりしているものを選ぶ。

レタス
芯の切り口が10円玉大で、白くみずみずしいもの。赤くなっているものは収穫から時間が経っている証拠。

もやし
ほどよく太く、全体的に白くハリがあるもの。古くなるとヒゲが長くなって食感が悪くなる。

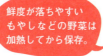

鮮度が落ちやすいもやしなどの野菜は加熱してから保存。

> **ポイント** トマトがかたいときはヘタを下に向け、常温で数日おいて追熟させます。気温が低いときは、リンゴと一緒にビニール袋に入れるとエチレンガスの効果でトマトが熟してきます。

🔲 皮（表面）で check！

表面の皮にシワがあったり、乾燥したりしているものは、鮮度が低い証拠。
水分が豊富で弾力を感じるものを選ぶのがポイントです。

ナス
色は黒紫のもの。皮にツヤがあり、握るとしっかりとしたハリがあるものが良品。

カボチャ
皮がかたく、重量感があるもの。種がしっかりふくらんでおり、果肉の色が濃いものを選ぶ。

ゴボウ
泥つきでヒゲが少ないものが新鮮。握ったときに弾力があり、断面に空洞がないものを選ぶ。

オクラ
緑が濃く、表面にうぶ毛がびっしり生えているものを選ぶ。

🔲 持って check！

手にずっしりとくる重量感は、みずみずしさの証拠。野菜や果物のなかには、重さで鮮度を測ることができるものもあります。

白菜
重量感があり、葉の巻きがしっかりしているもの。葉に黒い斑点が浮かんでいないもの。

イチゴ
パックを裏返して、つぶれているものや腐っているものがないかを確認。果肉全体が赤いものほど甘い。

トウモロコシ
ずっしりと重いものほど、身が詰まって甘い。

パックに入っている野菜も中をよくチェックして！

> **ポイント** バナナは1本ずつビニール袋に入れ直すと通常より2〜3日は日持ちします。房ごと袋に入れてしまうと、バナナ自体から出るエチレンガスが影響し、追熟が進むので注意。

新鮮な肉の見分け方

一見、どれも同じように見えるお肉にも、鮮度の違いがあります。食卓に上がることの多い、代表的な種類のお肉の鮮度の見分け方を押さえておきましょう。

牛肉

光沢があり、切り口のきめが細かいもの。脂身が白いもの。赤身は濃淡のばらつきがないものを選ぶ。

豚肉

やや灰色がかった淡いピンク色で、切り口がなめらかなもの。脂肪は濁らず白いものを。

鶏肉

毛穴が盛り上がっていると新鮮。地鶏は肉質がややかたいものを、ブロイラーは皮が白でなく、黄色いものを選ぶ。

パックに肉汁が出ているものはNGです!

新鮮な魚の見分け方

魚は種類によって、さまざまな鮮度の見分け方があります。
ここでは代表的な種類の見分け方を紹介しましょう。

アジ

目が透明に澄んでいて、背の青と腹の白さが鮮明なもの。エラの内側が赤いものが新鮮。

サケの切り身

切り身の表面の色が鮮やかで、ツヤがあるもの。身が割れていないかどうかもポイント。

サンマ

背が青光りしており、おなかが銀色でハリがあるものが新鮮。口の先端や尾のつけ根が黄色いと脂がのっている。

マグロ

トレイに水分が出ていないこと。サクの角が鋭いものは、切ったばかりの新鮮なものといえる。

> **ポイント** 魚の下処理の際に手につく嫌な臭い。あの臭いの正体は、アミン臭という雑菌が放出する香りの分子。石鹸で洗ってもなかなか落ちないアミン臭ですが、実は水道の蛇口を触ると、蛇口のステンレスに含まれる鉄イオンと細菌が反応し、簡単に消すことができます。

おいしさ
アップの
準備術②

食材の切り方

キャベツといえば千切り？

妻：回鍋肉（ホイコーロー）のキャベツが千切り!?
夫：キャベツといえば千切りかと思って……
妻：トンカツのつけ合わせじゃないのよ！

料理上手は切り方上手

食材には料理のメニューに合わせた切り方があります。
切り方次第で作業が効率化し、味や食感も向上します。

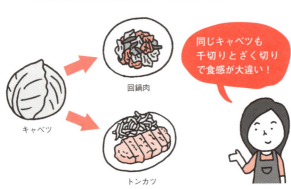

キャベツ → 回鍋肉 / トンカツ

同じキャベツも千切りとざく切りで食感が大違い！

料理をつくるうえで押さえておきたいポイントのひとつに「食材の切り方」があります。ひと口に切り方と言ってもその種類はさまざま。どんなものがあるのか、おさらいしておきましょう。

ポイント タマネギはみじん切りをする10分前に冷凍庫に入れ、冷凍してから切ると涙が出にくいです。フードプロセッサーを使うのも手。

包丁の使い方

素材の切り方はおいしさにつながるため、包丁は調理にとって重要なアイテム。
包丁のにぎり方と基本的な使い方を見ておきましょう。

包丁のにぎり方

肉・野菜を切るとき
親指と中指で包丁を挟んで握り、人差し指で峰を押さえる。

刺身を切るとき
口金の下を中指と親指で握り、小指と薬指で握る手を支える。人差し指は峰の上に軽くおいて。

指先を丸めて固定
指先を丸めて、素材をしっかり固定する。中指や人差し指の第一関節を包丁の側面に当てて切る。

包丁の基本の使い方

押して切る
太い野菜は、包丁の矢先から押し出すように切る。

引いて切る
柔らかいものは刃全体を使い、手前に引くように切る。

あごでえぐる
刃の根元を野菜のヘタや芽に当て、えぐるように切る。

峰でこそぐ
峰の角を当て、一方向にスライドする。ゴボウの皮むきや魚のウロコ取りに。

腹でつぶす
包丁の腹を食材に当てて、手で上から押しつぶす。ニンニクをつぶすときなどに。

まな板で食材を切る際、その順番はとても重要。まずは臭いや汚れの心配のない野菜からはじめ、次いで水気のあるコンニャクや豆腐、香りの強いショウガやニンニク、最後に脂の多い肉や魚を切ります。肉や魚を切る際、まな板は別の面を使うようにしましょう。

食材の主な切り方

料理でよく使う代表的な食材の切り方と適した料理をまとめました。

主な食材の切り方

①輪切り
横に厚さをそろえて切る。切り口は円形。厚さはレシピに沿って。

【適した料理】
キュウリの塩もみ、風呂吹き大根、レンコンの天ぷらなど

②細切り
食材を長さ5～6センチに切り、縦に薄切りにする。

【適した料理】
チンジャオロース、大根やニンジンのなます、ゴボウのかき揚げなど

③半月切り
縦2つ割りにし、端から1、2ミリの厚さに切る。縦4つ割りだと「イチョウ切り」。

【適した料理】
煮物、けんちん汁や豚汁などの汁物、トマトのカプレーゼなど

④乱切り
全体を回しながら斜めに包丁を入れて、大きさをそろえながら切る。

【適した料理】
大根やニンジン、ゴボウなどを使ったシチューや煮物全般

⑤短冊切り
長さ4～5センチに切り、縦に1、2ミリの厚さに切ってから、1センチ幅に切る。

【適した料理】
雑煮（大根やニンジン）などの汁物

⑥みじん切り
縦半分に切り、切り口を下にし、縦に細かく切れ目を入れ、右端から細かく切る。

【適した料理】
ハンバーグ（タマネギ、シイタケ、ニンジン）、炒め物の香味野菜など

⑦千切り
四つ割りにして軸を切り取り、まな板に押しつけて端から細かく切る。

【適した料理】
揚げ物のつけ合わせ（キャベツ）など

⑧くし形切り
ヘタを取り、四つ割りにして、さらにそれを2～3等分する。

【適した料理】
野菜炒め（タマネギ）、酢豚（タマネギ）など

⑨ざく切り
横にして、細かくなりすぎないように端からザクザク切っていく。

【適した料理】
回鍋肉（キャベツ）などの炒め物

⑩小口切り
端から1〜2ミリの間隔で、均等に切っていく。

【適した料理】
うどんやそばの薬味（ネギ、万能ネギ）など

⑪さいの目切り
1センチ幅に細長く切りそろえ、キレイな立方体になるように1センチ角に切る。

【適した料理】
みそ汁（豆腐）など

⑫ささがき
縦に5本ぐらい切れ目を入れ、ピーラーで先端から鉛筆を削るように切り取る。

【適した料理】
きんぴらゴボウ など

⑬四つ割り
縦半分に切って、さらに縦半分に切る。

【適した料理】
炒め物（チンゲンサイ）、煮物（カブ）など

⑭そぎ切り
食材を手で押さえ、包丁を寝かすように斜めに入れて切る。

【適した料理】
親子丼（鶏肉）など

⑮ひと口大に切る
2〜2.5センチ角になるように、平面でなく、なるべく立体的に切る。

【適した料理】
から揚げ（鶏肉）、ビーフシチュー（牛肉）など

⑯小房に分ける
キノコなどの房を持ち、手で裂いて2、3本ずつのかたまりに分ける。

【適した料理】
炒め物（シメジ）、煮物、天ぷらなど

■ ナスの下処理のコツ
油を吸いすぎるナスの下処理は、水を張ったボウルにしばらく入れておいた後で取り出し、水気を拭くだけ。ナスの果肉はスポンジ状になっているため、あらかじめ水を含ませておけば、油を余計に吸い込むことはありません。

野菜の下ゆで

おいしさアップの準備術③ 食材の下処理

土の中にできる野菜は水から、土の上に生える野菜は熱湯でゆでるのが基本。熱湯からゆでる場合には、野菜の色を鮮やかにし、お湯の温度を下がりにくくする塩を入れましょう。

熱湯からゆでる

ホウレン草

春菊

ブロッコリー

インゲン

アスパラガス

熱湯でも水でもOK

カリフラワー　キャベツ　白菜

水からゆでる

大根

ゴボウ

ニンジン

ジャガイモ

野菜の色あせを防ぐため、ゆでた後は、ザルに上げ、氷水で一気に冷やし、すぐしぼりましょう。しぼれない野菜は、ザルに上げ、うちわで風をあてます。

ポイント ホウレン草などの水に栄養が溶けやすい野菜は、ゆでるときに塩以外に少量の油を加えると栄養分をコーティングできます。

食材の下処理を少し工夫すれば、レストランのような本格的な味を演出できます。食材の風味や食感、味わいを家庭でもしっかり楽しむために、きちんとポイントを押さえておきましょう。

イラストでよくわかる　料理の基本とコツ

野菜のアク抜き

アクとは苦みや渋み、えぐみなど。野菜のアクは水溶性なので、水にさらすことによって溶けていきます。またアクをとると野菜の変色を防ぐことができます。

■ 真水にさらす

ジャガイモやサツマイモ、ナスは、アクによって表面が茶色くなるため、切ったらすぐ水に入れる。

■ 酢水にさらす

ゴボウなど水ではアクが取りきれない野菜は酢水で。山芋もおろす部分を酢水でアク止めするとキレイに仕上がる。

キノコの下処理

キノコにも種類によって必要な下処理があります。代表的なものは次の通りです。

シメジ
石づき(根元のかたい部分)を包丁で切り、2、3本ずつの小房に手で裂いて分ける。

シイタケ
軸の下から2ミリぐらいは切り捨てる。軸はかたいので食べる場合は薄切りにする。

ナメコ
袋からザルにあけ、全体にサッと熱湯を回しかける。

エノキ
石づき部分(根元から2センチぐらい)を切り取る。

マイタケ
石づきがないものが多いので、手で縦に裂いて食べやすく小房にする。

キノコは水で洗わず、そのまま使ってもOKです。

ポイント シイタケはすぐに使わない場合は、冷蔵庫にパックで保存するのではなく、天日干ししましょう。食感は変わりますが、風味や栄養価がアップするのでオススメです。

鶏肉の下処理

お肉の下処理は、脂肪や筋を取るなど、ほんの少しの手間で格段に味の差が出る大事な作業。しっかり覚えて、おいしいお肉を堪能しましょう。

モモ肉・ムネ肉の下処理

① 脂肪を取る
裏返して、皮の裏側に黄色い脂肪のかたまりがついていたら、切り取る。

② 皮に穴を開ける
焼き縮み防止のためにフォークで皮に穴を開ける。味も染み込みやすくなる。

ムネ肉の観音開き

尖っている方が手前
① 左を切り開く
皮を下にし、中央に肉の半分の深さの切れ目を入れ、包丁を寝かせて左側を切り開く。

② 右を切り開く
肉を逆向きにし、反対側に同様に包丁を入れ、切り開く。

手羽先の下処理

① 先を落とす
手羽先の関節部分に包丁の刃元をのせ、上から軽くたたいて切り落とす。

② 包丁を入れる
皮目を下にし、2本の骨の間に切れ目を入れ、味の染み込みをよくする。

ササミの下処理

① 筋を取る
肉の中央にある白い筋を取る。まずは筋の両端に包丁の先で浅く切れ目を入れる。

② 筋を取り除く
肉を裏返し、左手で筋の先端を引っ張りながら、包丁でしごいて筋を取り除く。

> **ポイント** 下処理で切り落とした手羽先の先はいいだしが出ます。1パック分集めて、香味野菜と一緒に水から煮出せば、スープや鍋、シチューのだしなどに利用できます。

牛肉と豚肉の下処理

牛肉や豚肉もおいしく料理するためには、下処理が欠かせません。
筋切りなどの基本の下処理を押さえておきましょう。

❶ 筋を切って焼き縮みを防ぐ

焼き縮みを防ぐため、脂肪と赤身の間にある筋をところどころ切っておく。

❷ 肉をたたいて柔らかくしておく

肉たたきのほか、すりこぎや麺棒などで肉をたたいて繊維をこわしておくと、柔らかく仕上がる。

❸ ブロック肉は糸で縛ってから調理

ブロック肉はたこ糸で形をととのえて、縛ってから調理すると、キレイに仕上がる。

❹ 豚薄切り肉は繊維に沿って細切り

豚肉は繊維に沿って縦に細切りすると火を通しても縮まない。薄切り肉の場合は繊維の方向は脂肪と並行。

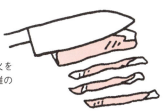

 ポイント カロリーが気になる人は、脂肪の少ない部位を選びましょう。鶏肉ならムネ肉やササミ。豚肉や牛肉ならモモやヒレ。特に赤身肉には、脂肪燃焼を促す「L-カルニチン」が含まれているので、代謝もアップすると言われています。

魚の下処理

和食には欠かせない青魚。下処理をすればどんな調理法にも合う万能食材です。

アジの3枚おろし

ゼイゴ（とがったウロコ）を取る以外は、どの魚にも共通の3枚おろし。
基本を押さえましょう。

尾から頭に向かって包丁の刃を滑らせるようにしてゼイゴを取る。尾のつけ根から頭に向かって包丁を寝かせて入れ、すき取りにするとよい。

胸ビレの下から頭に向かって斜めに包丁を入れ（反対側も）、頭を切り落とす。腹側に切り込みを入れて内臓を出し、水洗い後、水気をよく拭き取る。

②を左手で押さえながら背側から包丁を寝かせて入れ、中骨に沿って切り込みを入れる。

頭側から尾に向けて、徐々に包丁を深く入れていき、開くようにして2枚に分ける。

尾が向こう側になるように裏返し、反対側も同様に中骨に沿って切る。

3枚に分ける。中骨は素揚げにして、おつまみにしたり、鍋や汁物のだしに使ったりすることも。

 切り身魚に小麦粉や片栗粉をまぶしてから焼いたり、揚げたりすると、うまみを閉じ込め、身崩れを防ぐ効果が。小麦粉はふんわり、片栗粉はカリッとした食感に仕上がります。

切り身魚の下処理

魚料理が苦手という人に、まずチャレンジしてほしい切り身魚。
調理がしやすく、食べやすいので、お子さんがいるご家庭にもオススメ。

❶ 皮を引く
皮を下にし、包丁を皮と身の間に寝かし入れ、皮を引っ張るようにして剥ぎ取る。

❷ 臭みを取る
調理前にショウガ汁や酒、酢、レモン汁などの下味をつけることで臭みが取れる。

酸味は加熱すると飛ぶ

イカの下処理

スーパーなどに行くと、意外と1本で売っているイカ。
自分でさばけると料理の幅が広がるので、挑戦してみましょう!

❶ ワタを取る
胴の内側に深く指を入れ、胴からワタを取り外す。

❷ クチバシを取る
目の間に切り込みを入れ、目と足のつけ根にあるクチバシを指で取り除く。

❸ 皮を剥ぐ
三角のエンペラを外し、ペーパータオルで頭の方から皮をつかんで剥いでいく。

❹ 吸盤の先を取る
吸盤の先についているかたい部分を指先でしごき取り、水洗いする。

アサリの砂出し

下処理をしないと食べたときにジャリッとします。正しい砂出しを覚えましょう。

❶ 塩水に浸ける
ざっと水洗いし、3%の塩水に約30分浸ける。冷蔵庫など暗く静かなところが◎。

❷ 汚れを取る
両手で殻と殻をこすり合わせるようにしながら流水で洗う。

 切り身魚のパサつきや煮崩れの防止には、みりんがオススメ。食材の臭みを取ってうま味を増すだけでなく、調味料を浸透させたり、パサつきや煮崩れを防止する効果も。

エビの下処理

プリップリの食感を味わいたいなら、エビは自宅で調理するのが一番です。
そのためにしっかりと下処理をしましょう。

❶ 背わたを取る
2、3節目の間に竹串を刺して、背わたを取る。

❷ 尾の先を切る
尾の先を包丁で斜めに切り落とす。

❸ 余分な水をとる
尾のつけ根から先にたまっている水をしごき出すことで、油ハネが防げる。

❹ 腰に切り込み
腰側に約1センチ間隔で5〜6ミリの切り込みを入れる。

❺ 身をそらせる
ブチッと音がするまで身をそらせておけば、加熱しても丸まらない。

天ぷらや海老フライなど、まっすぐにしたいものだけ、身をそらせましょう。

カキの水洗いの仕方

サッと洗うだけなので簡単ですが、しっかり水気を拭くことが大切です。

❶
水洗い後のカキの水気を切ってボウルに入れ、塩小さじ1ほど振って、手でからめてからサッと水洗いする。

❷
汚れやヌメリを落とし、ザルに取った後で、水気をペーパータオルで拭く。

> **ポイント** エビをゆでるとき、沸騰したお湯にレモン汁を少し入れると、臭みが取れる上に色もキレイにゆで上がります。レモンの代わりに酢を入れてもOK。

知っておきたい！

乾物の戻し方

保存食として便利な乾物。しかし、戻しすぎると風味や食感が損なわれてしまうので、正しい戻し方を覚えておきましょう。

主な乾物の戻し方

干しシイタケ

水に半日浸けて戻す。急いでいるのなら、少量の砂糖を加えたぬるま湯に30分ほど浸ける。

ひじき

サッと洗い、たっぷりの水に20分浸けるだけ。砂やホコリが底に沈むため、上から手で引き上げて。

切り干し大根

ボウルに水を入れて、もみ洗いし、かぶるぐらいの水に10〜15分浸ける。

キクラゲ

戻し方は干しシイタケと同じ。水に浸けると量が4〜5倍になるので、戻しすぎないように注意。

ヨーグルトで栄養価UP

乾物をプレーンヨーグルトで戻すと、風味がよくなる上にカリウムやビタミン類などの栄養価がアップするとして注目されています。

戻し方は、密閉容器に乾物とヨーグルトを入れて混ぜ、フタをし、冷蔵庫で約8時間置くだけ。その後、そのまま調理に使います。乾物は切り干し大根や高野豆腐、煎り大豆などがオススメ。

ポイント 干しシイタケを戻すときには、電子レンジを使う方法もあります。やり方は①石づきをハサミで取り除き、②軽く洗ってから耐熱容器に入れ、③ひたひたの水を加え、ラップをし、④加熱するだけ。目安は電子レンジ（500W）で3分加熱後、15分放置です。

和食の基本

だしの取り方

和食には必須の「だし」。市販の顆粒だしやパックタイプもありますが、まずは基本的なだしの取り方を覚えましょう。

かつおだしの取り方

和食で使う一番基本的なだし。
［材料（4カップ分）］花がつお…15グラム、水…4・1/2カップ

❶ 鍋に材料を入れ、弱めの中火でゆっくり加熱する。

❷ 沸騰してきたらすぐに火を止める。

❸ ②をザルでこす。花がつおを軽く押さえて絞る。※ザルの目が粗いときはキッチンペーパーなどを敷く。

昆布だしの取り方

ベジタリアン向けメニューにも使えるだし。
［材料（4カップ分）］昆布…7〜8センチ角1枚、水…4・1/2カップ

❶ 鍋に材料を入れ、30分以上浸けておく。

❷ ①を弱めの中火でゆっくり加熱し、沸騰直前に昆布を取り出す。

■ 一番だしって？

昆布とかつおの両方が入っただし。鍋に水、昆布を入れ、弱めの中火で加熱し、沸騰直前に昆布を取り出す。花がつおを加え、30秒おき、火を止め、粗熱が取れたら、かつおを取り出す。

ポイント 二番だしとは、一番だしで使った昆布と花がつおを再利用しただしのこと。鍋に水とだしがらを入れ、5分煮出した後、追いがつおをして、弱火で2分煮出してからこします。

イラストでよくわかる 料理の基本とコツ

煮干しだしの取り方

さぬきうどんにも使われるだし。主に四国で親しまれている。
[材料（4カップ分）] 煮干し…15グラム、水…5カップ

煮干しの頭とハラワタを取り除き、水に浸けて30分からひと晩く。弱めの中火でゆっくり加熱し、10分煮て火を止め、ザルでこす。
※ザルの目が粗いときはキッチンペーパーなどを敷く。

市販だしの使い方

■粉末・顆粒タイプ

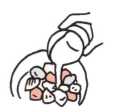

汁ものにはそのまま
汁ものの具が根菜の場合は水からゆでて、煮立ったところにだしの素を加える。

半量仕上げに
だしの香りを楽しみたい場合は、半量を残しておき、火を止める直前に加える。

だし汁として
煮物などのだし汁として使うときには、分量の熱湯に溶かして使う。

■パックタイプ

3～5分煮出す
分量の湯に入れ、3～5分ほど煮出してパックを取り出し、火を止めてだし汁を冷ます。

■ 白だしとは？

白しょうゆや薄口じょうゆに昆布やかつお節などから取っただし、みりんなどを加えたもの。料理によって希釈して使う。関西風うどんや茶碗蒸しなど、強い色を出したくないメニューに用いられる。

ポイント みそ汁をつくるとき、みそはあるけど、だし汁がないということも。そんなときは昆布茶やコンソメ、鶏ガラスープ、お吸い物の素などを代用。新メニューが生まれるかも。

味見だけで一食分…

夫：お店みたいなアルデンテ、難しいよねー。
妻：どうでもいいけど、パスタ味見しすぎ。
夫：だって試食しないとわかんないし……。

おいしさアップの準備術④ 麺・パスタのゆで方

同じ麺でも乾麺、生麺、パスタでは、ゆで方が違ってきます。最適な食感に調理するために、それぞれのゆで方を覚えておきましょう。

乾麺のゆで方

乾麺は、さし水をしながら熱湯でゆで、ゆで上がったら流水にさらしてヌメリを取るのが基本です。

❶ 多めのお湯で…
鍋にたっぷりの熱湯を沸かし、乾麺を広げるように投入する。

❷ 途中でさし水
くっつかないように全体を菜箸で混ぜる。吹きこぼれそうになったら、さし水を。

❸ 流水でもみ洗い
ゆで上がったら、ザルにあけ、流水にさらす。その後もみ洗いし、ヌメリを取る。

ポイント ゆで時間の短縮に有効なのが「水浸けパスタ」。パスタを水に2～3時間浸けておき、フライパンで温めたソースにからめながら1～2分加熱すると、もちもちした食感を楽しめます。

生麺のゆで方

生麺は、ゆで上がったら洗わず水気を切るだけ。乾麺との違いに注意しましょう。

❶ 麺はほぐして…
鍋にたっぷりの熱湯を沸かし、生麺を手でほぐしながら入れる。

❷ 菜箸で混ぜる
麺同士がくっつかないように全体を菜箸で混ぜる。ゆで時間は表示時間通り。

❸ ゆで加減を確認
1本取り、食べてゆで加減を確認。よければザルに上げて、水気を切る。

冷凍麺の解凍

スーパーマーケットやコンビニで簡単に手に入るようになった冷凍麺。
正しく解凍すれば、手軽に生麺の食感が楽しめます。

❶ 鍋にたっぷりの熱湯を沸かし、冷凍麺を入れる。軽く揺り動かし、お湯の温度を一定にする。

❷ 麺が自然にほぐれたら、ザルにあける。ゆで時間の目安はそば、ラーメン20〜30秒、うどん45〜60秒。

パスタのゆで方

パスタを上手にゆでるポイントは塩加減。アルデンテに仕上げるコツをご紹介。

❶ たっぷりの熱湯を沸かし、塩を投入。目安は湯3リットルに対して、大さじ2。

❷ パスタを鍋全体に広がるように入れて、菜箸で軽く混ぜる。ゆで時間は表示時間の1、2分短めに。

❸ 1本取り出し、指でつぶす。中央に針ぐらいの芯があれば、アルデンテ。すぐにザルに上げる。

> **ポイント** 冷凍麺は電子レンジでも解凍可能。冷凍麺に水をかけてから、耐熱皿に入れ、ラップをかけて加熱。冷凍うどんなら電子レンジ（500W）で3〜4分が目安。

【半熟もかたゆでも自由自在】
ゆで卵完全攻略術

料理の基本中の基本「ゆで卵」。思ったゆで加減に仕上げるのは
意外と難しく、妥協している人も多いのでは？
そんな人たちのために、完全攻略術を考えてみました。

ゆで卵の下準備

・**室温に戻す**
卵は温度差があると割れやすいので、ゆでる15〜20分前に冷蔵庫から出しておく。

・**穴を開ける**
卵に画鋲で小さな穴を開けると殻が剥きやすくなる。卵穴開け器を使ってもOK。

基本のゆで方

水からスタート

沸騰後3分 — **とろとろ卵**
白身は固まっているけど、黄身は生。

沸騰後6分 — **半熟卵**
黄身のまわりが固まっていて、中央はとろりとしている。

沸騰後7分 — **かたゆで卵**
黄身の中心まで火が通った状態。

■ ゆで卵の裏技

・**半熟卵は熱湯で**

手軽に半熟卵をつくるなら、熱湯で5分半ゆでるだけ。

・**炊飯器で温泉卵**

就寝前、電源を入れていない炊飯器に卵を入れ、卵の半量ぐらいのお湯を入れる。朝には温泉卵ができている。

> **ポイント** 菜箸でお湯をかき混ぜながらゆでると、黄身が真ん中にあるゆで卵をつくることができます。しかし、常にかき混ぜるのは難しいもの。そんなときは、卵のとがった方を下にして、お猪口に立ててゆでればOK。簡単に黄身が中心にあるゆで卵ができます。

【第二章】基本を押さえる調理術

食材の下準備が整ったら、いよいよ調理開始です。「焼く」「炒める」「煮る」「揚げる」といった基本動作を復習しつつ、レシピの読み方や電子レンジ活用法など、毎日の料理に応用できる調理術も学びましょう。

基本を押さえる調理術①

調理時間の目安

食事の献立を決めるときに考えなくてはいけないのが、その調理時間。時間を有効活用するために、子どもから大人まで人気の定番メニューの調理時間を目安で簡単にご紹介します。

タイミングが肝心です

もうゆで上がったよ…
ちょっと待ってよ!!

夫：パスタゆで上がったけどソースは？
妻：ぜんぜんまだよ！　ちょっと待ってよ！
夫：先に時間の目安教えてくれよ……。

時間有効活用４ヵ条

時間を有効に活用できれば、料理の手際は格段に上がります。
調理の際は次の４つの点に気をつけましょう。

1. 調理前にレシピを読む
手順を把握するためにまずはレシピをしっかり読むこと。

2. 時間がかかる工程をチェック
肉の解凍や下味つけなどの工程をあらかじめチェック！

3. 電子レンジを効率よく使う
野菜の下ゆでなどに使えるので、上手に活用しよう。

4. 調味料はあらかじめ量っておく
調味料は必要な量を調理前に量っておくと時短になる。

ポイント 肉じゃがに使うジャガイモは、でんぷん質が多い男爵イモが◎。男爵イモの新ジャガは、薄皮をたわしで剥けば丸ごと調理できるので便利。

イラストでよくわかる　料理の基本とコツ

肉料理の目安

お弁当やディナーのメインディッシュに人気の肉料理。
普段の食卓で食べられることの多い定番メニューの調理時間をまとめました。

定番肉料理の調理時間

ハンバーグ（25分）
細かく切った野菜とひき肉を混ぜ合わせ、フライパンで蒸し焼きにする。

豚肉ショウガ焼（20分）
豚薄切り肉を焼き、仕上げにショウガしょうゆで味つけをします。

鶏のから揚げ（20分）
ひと口大に切った鶏肉に下味をつけ、片栗粉をつけて揚げる。

トンカツ（25分）
豚ロース肉に衣をつけて、揚げる。つけ合わせにキャベツの千切りも。

肉じゃが（20分）
肉や野菜を適した大きさに切り、鍋で炒め煮する。

カレー（30分）
肉、野菜を炒め、スープで煮て、カレー粉で味つけする。

煮込みには適度に脂肪がある肩ロース肉やバラ肉がおすすめです。スーパーマーケットで「カレー・シチュー用」として売られているパックには、煮るとかたくなりやすいモモ肉が混ざっている場合もあるので、購入する際は注意しましょう。

魚料理の目安

和食のメニューに多い、ベーシックな魚料理の調理時間はこのくらいです。

アジの塩焼き（15分）
詳しい調理方法は41ページ参照。

ブリの照り焼き（15分）
詳しい調理方法は41ページ参照。

カレイの煮つけ（25分）
詳しい調理方法は47ページ参照。

サバのみそ煮（20分）
みそベースの煮汁を温め、その中でサバを煮る。

麺料理の目安

家族がそろう週末のランチにも便利な麺料理の調理時間はこちら。

焼きそば（15分）
野菜と肉、麺をフライパンで炒めて、ソースで味つけ。

ナポリタン（15分）
野菜とソーセージ、パスタを炒めて、ケチャップで味つけ。

※ P35、36の調理時間の目安は、材料をすべて準備（下ごしらえ含む）してからの時間となります。

 切り身魚は洗うと旨味が流れ出るので、水洗いはＮＧ。ブリやサバなどの生臭さが気になる場合は、塩を振って水気を出すと、旨味は逃さず、生臭さだけが抜けます。

イラストでよくわかる　料理の基本とコツ

> 揃えておきたい

スライサー・おろし器

調理の時間短縮に役立つスライサーやおろし器。
さまざまな種類があるので、用途に合わせて購入しましょう。

主なスライサー、おろし器

万能スライサー
薄切りや線切り、おろしなど、刃を差し替えれば、何通りもの切り方が可能。

ロングスライサー
通常よりも幅広のスライサー。簡単にキャベツの千切りをつくることができる。

ネギカッター
櫛状にカッターの刃が付いており、ネギの上を滑らせると簡単に白髪ネギができる。

ステンレスおろし金
大量の大根をおろすときにはボウルにのせて使う、ボード状のものが便利。

銅製おろし金
昔ながらのおろし金。大根おろしなどに。

竹製おろし金
大根の鬼おろしをつくるときに。

鮫肌おろし金
わさびをおろすときに使う。

セラミックおろし金
金気が出ないので食材の風味を壊さず、本来の味を楽しめる。

> **ポイント** 大根おろしの辛みを抑えたいなら、おろし器に直角にあて、「の」の字を描くようにゆっくりとおろすと繊維がつぶれ、水分が出てくるので辛みが抑えられます。逆に辛みを出したいなら、上下に力をこめておろすと水分が出にくく、辛み成分を閉じ込めておけます。

基本を押さえる調理術②

焼く

せっかくのいい肉が…

女1：あれ？　あんな高いお肉買ったのにかたくない？
女2：うそ、超ショック！　ハズレの肉だった？
女1：もしかして焼き方間違ったんじゃないの〜？

焼き物上達4ヵ条

どんなにいい肉でも焼き方を失敗すると、残念な味に。
肉をおいしく焼くための4ヵ条を覚えましょう。

1. 肉は常温に戻す
火の通りを均一にするため、肉は常温に戻しておく。

2. 塩コショウは焼く直前
塩コショウをして放置すると水分が流れ出て、かたくなる。

3. フライパンをよく熱する
まずは強火で表面に焦げ目をつけ、うまみを閉じ込める。

4. 焼きはじめたらじっくり我慢
何度もひっくり返さず、じっくり焼くのがおいしさのコツ。

ポイント　パサつきがちな鶏のムネ肉や豚の薄切り肉はマヨネーズと酒でもみ込み、1時間ほど寝かせてから、強力粉をまぶして焼くとジューシーに。

「焼く」という作業は、数ある調理法のなかでも基本中の基本。だからこそ、感覚で焼いてしまっている人も多いのでは？　特に肉は種類によって焼き方のコツが異なるので、ここでしっかり押さえておきましょう。

ステーキの焼き方

表面にしっかり焼き色をつけることが、ステーキをおいしく仕上げるコツです。

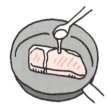

① 肉に味つけをして焼く

常温の肉に塩、コショウを振る。熱して油を引いたフライパンに入れ、強めの中火で両面に焼き色をつけたら、弱火に。スプーンでフライパンに溜まった油をかけながら、好みの焼き加減にする。

② 焼き加減を確かめる

焼き加減の目安は、人差し指で肉を押したとき、同じ指で片手の親指の下の肉を押したときの感触を比べることで確認できる。

　レア　　　ミディアムレア　　　ミディアム　　　ウェルダン

③ 焼き上がったら寝かせる

焼き上がったら、肉を落ち着かせるため、アルミホイルで包み、温かいところに置いて、焼き時間と同じくらい（平均で約10分）寝かせる。

> レアは切り口の肉色が鮮やかな赤で肉汁たっぷり。ミディアムは外をしっかり焼いて、切り口からうっすら肉汁がにじむ程度が理想です。

ポイント ステーキの薬味でお馴染みのおろしニンニク。家庭でつくると時折、青緑色に変色してしまうことがあります。これはニンニクに含まれるアリイナーゼという酵素の働きによるもの。収穫直後などの酵素活性の高い時期に起きる現象で、品質は特に問題ありません。

その他の肉料理の焼き方

ステーキと並ぶ代表的な肉料理である、チキンソテーとポークソテー。
どうすればおいしく焼けるのか、ポイントを見てみましょう。

チキンソテー
皮目をパリっと仕上げるには、皿をのせるときに軽くフライパンに押しつけましょう。

❶ 肉は常温に戻して焼く
常温に戻した肉に塩、コショウ、強力粉を振る。フライパンを十分に熱して、油を引いたら、皮目から入れる。

❷ ケーキ皿を使って蒸し焼きに
その上からケーキ皿をのせて焼く。これで、皮をパリパリにしながら半蒸し焼きにすることができる。皮目がキツネ色になったら裏返し、竹串で刺したときに透明の肉汁が出てくるまで焼く。

ポークソテー
厚さ1.5センチくらいのソテー用の豚肉ならフライパンにフタをしなくても中まで火が通ります。

焼いた後は寝かせる
ステーキと同じ要領で豚ロース肉に焼き色をつけたら、肉を押し、弾力が出てくるまで火を通す。肉を落ち着かせるため、アルミホイルで包み、温かいところにおいて約10分寝かせる。

■ 焼き物上手のテクニック
厚切りの豚ロース肉は、まわりをたこ糸で2重に巻き、縛っておくと形がキレイに仕上がる。糸は盛りつけるときに外す。たこ糸で縛るワザは牛ヒレ肉などにも応用できる。

ポイント 鶏肉や豚肉を焼いていたら、肉から出た脂でフライパンがギットリ……。そんなときは、キッチンペーパーで脂を拭き取りながら焼くと、肉がカリッと仕上がります。

魚の焼き方

魚もコツさえつかめば焼くのは簡単。ここでは家庭で親しまれている基本の焼き魚、「アジの塩焼き」と「ブリの照り焼き」をご紹介します。

 アジの塩焼き

焼き魚の定番。他の魚も基本的には同じ焼き方です。

下ごしらえした魚に塩を振り、10分ほど置く。焼く直前に表面を拭き、尾とヒレに塩を多めに振っておく。

熱したフライパンにホイルを敷き、盛りつけ時に表になる面から焼き、焦げ目が付いたら裏返して両面を焼く。

 ブリの照り焼き

ごはんのおかずからお弁当まで、手軽につくれる魚料理。

熱したフライパンにサラダ油を引き、盛りつける面からブリの切り身を入れて焼く。焼き色がついたら裏返す。

裏返して1分ほど焼いたら、調味ダレ（しょうゆ、酒、みりん各大さじ2、砂糖大さじ1）を注ぎ入れて煮詰め、焦がさないように絡める。

ブリは塩を振り10分おいて水分を拭いてから焼くと、身が締まってよりおいしくなりますよ！

ポイント タラやサワラなどの淡白な切身魚を風味よくする方法があります。それは、白ワインに15分浸けてから焼くというもの。そのまま焼くのと比べ、コクが出ます。

卵の焼き方

朝食やお弁当で大活躍の、ベーシックな卵料理。
「目玉焼き」「オムレツ」「厚焼き卵」のコツを覚えておきましょう。

目玉焼き

卵は室温に戻してから使うとキレイに仕上がります。

❶ 熱して油を入れたフライパンに、ボウルに割り入れた卵を1個ずつ静かに入れ、中火で約10秒焼く。

❷ 白身が固まってきたら、水を大さじ1入れ、フタをし、弱めの中火で約3分蒸し焼きにすれば、半熟に。

オムレツ

手早く仕上げるのがフワフワのオムレツをつくるコツです。

❶ ボウルに卵を割り入れ、塩、コショウなどで味を調えたら、バターを溶かしたフライパンに、一気に流し込む。強火にして菜箸でかき混ぜ、半熟状に。

❷ フライ返しでフライパンの奥にたたんで寄せ、火を弱める。フライパンを手前に傾けてオムレツを寄せて裏面も焼く。皿に取り、ペーパータオルで形を整える。

厚焼き卵

卵液を入れるたびに油を薄く引くのが、くっつかないコツ。

❶ ボウルに卵を割り入れ、白身を箸で切るようにほぐす。砂糖、塩、みりんを加えて混ぜ、万能こし器でこし、油を引き、熱した卵焼き器におたま1杯分流し入れる。

❷ 周囲が白く固まってきたら、奥から巻いていく。巻き終わったら奥に寄せ、キッチンペーパーで油を引き、これを卵液がなくなるまで繰り返す。

> **ポイント** 薄焼き卵を焼くときは、卵に水溶き片栗粉を加えると破れにくくなります。割合は卵2〜3個に対して、小さじ2杯（水1：片栗粉1）程度。ぜひ、お試しあれ。

イラストでよくわかる　料理の基本とコツ

> 知っておきたい！

鍋・フライパンの洗い方

料理をしているとお気に入りの鍋を焦がしてしまうことも…。
万が一、焦がしてしまったときに役立つお手入れ方法を紹介します。

アルミ鍋を焦がしたら…

普段はスポンジで

台所用中性洗剤を溶かした水を入れ、木べらでこすりながら煮る。焦げつきがゆるんだら、金だわしを使ってよく洗う。

ステンレス鍋を焦がしたら…

普段はスポンジで

鍋に水を入れ、台所用中性洗剤を少量入れて2〜3時間置く。焦げつきがゆるんできたら、スポンジでこすって洗う。

ホーロー鍋を焦がしたら…

普段はスポンジで

台所用中性洗剤を加えた水をたっぷり入れ、中火でしばらく煮立て、焦げがゆるんだら、木べらで静かにこすって落とす。

フッ素樹脂加工鍋を焦がしたら…

普段はスポンジで

水を入れてしばらくおき、焦げつきをゆるめる。あとはスポンジと台所用中性洗剤でこすって洗い流す。金だわしはNG。

中華鍋を焦がしたら…

普段はお湯とたわしやスポンジで

普段は洗剤を使わず、たわしやスポンジで洗い、水気をとったら油をなじませる。焦がしたら、から焼きして焦げつきを炭化させ金だわしでこすって剥がす。

土鍋を焦がしたら…

普段はお湯とたわしやスポンジで

使用後は洗剤を使わず、水とスポンジでやさしく洗う。焦がしたら水を張って煮る。それでもダメならひたひたの湯を入れ、たわしでこすってよく乾かす。

基本を押さえる調理術③

炒める

気持ちはわかるけど…

夫：やっぱり炒め物は強火だよね！
妻：中華料理屋に憧れるのもいいけど
　　フライパンこげてるし！　片づけどうすんのよ！

炒め物上達4ヵ条

炒め物のコツさえ覚えれば、時短料理のレパートリーが増えます。普段忙しい人こそ、ここでマスターしましょう。

1. 調味料は事前に量るべし
炒め物は時間をかけると水っぽくなるのでスピード勝負。

2. 香味野菜はよく炒めるべし
ネギなどの香味野菜は香りが出るまで、しっかり炒める。

3. 強火で手早く炒めるべし
火力は強火。火力を保つために食材の入れ過ぎに注意。

4. 味つけは火が通ってから
味つけは炒め終わってから、全体にざっと回しかける。

 あんかけは煮汁に水かだしで溶いたでん粉を加え、とろみをつけたもの。水溶き片栗粉が一般的ですが、日本料理では葛粉を使うことも。

炒め物はスピード勝負。炒めはじめてからバタバタして、料理が丸焦げに……なんて事態を防ぐためには、下準備が肝心。必要なものはあらかじめ全て用意しておき、一気に仕上げるのがポイントです。

ホイコーローのつくり方

【材料】香味野菜（長ネギのみじん切り…大さじ1、ニンニク・ショウガのみじん切り…各小さじ1）、豚バラ薄切り肉（3～4センチ幅に切り、塩、コショウ、酒、しょうゆで下味をつけておく）…150グラム、キャベツ（ざく切り）…4枚、ピーマン（乱切り）…2個、合わせ調味料（赤みそ…大さじ2、砂糖・酒…各大さじ1、塩・ごま油…各小さじ1）、サラダ油…大さじ2

❶ フライパンに油を半量入れて、香味野菜を炒める。

❷ ①に肉を入れて炒めた後、一旦取り出す。

❸ ②のフライパンに残りの油を入れ、キャベツとピーマンを炒める。

❹ 野菜に火が通ったら、肉を戻す。

❺ 材料を片側に寄せ、調味料を軽く温めたら、全体に大きく混ぜる。

エビのチリソースのつくり方

【材料】エビ…小20尾、香味野菜（長ネギのみじん切り…大さじ2、ニンニク・ショウガのみじん切り…各小さじ1）、合わせ調味料A（豆板醤…小さじ1、トマトケチャップ…大さじ2）、合わせ調味料B（砂糖…大さじ2、酒…大さじ1、しょうゆ…大さじ1/2）、鶏ガラスープ…1/3カップ、水溶き片栗粉・サラダ油…各大さじ2

❶ エビは背わた、殻を剥いて、塩、ゴマ油、片栗粉（分量外）で下味をつける。

❷ エビを生のまま炒めると水っぽくなるので、サッと下ゆです。焼いたり、揚げたりしてもOK。

❸ フライパンに油と香味野菜を入れて、香りが出るまで炒める。Aを入れて、さらに香りを出し、Bと鶏ガラスープを加える。

❹ 全体が煮立ってきたら、水溶き片栗粉を少量ずつ加えていき、とろみがついたら②を入れて混ぜ、完成。

まさかのイリュージョン

煮る

夫：あれ？ ポトフのキャベツどこ行った？
妻：溶けちゃったんじゃないの？
夫：そんなイリュージョンあり？？

煮物上達3つのワザ

煮物がグンとおいしくなる、〝煮物上達ワザ〟を紹介します。

1. 面取り
煮崩れを防ぐために野菜の角を薄くそぎ取る。火の通りや、味のしみ込みがよくなる。

2. 隠し包丁

火の通りや味のしみ込みがよくなるように、材料の裏側に切れ目を入れる。おもに根菜類に。

3. 落としブタ

煮立った煮汁の上に落としブタをすることで、少ない煮汁でも効率よく煮含められる。

■アルミホイル、紙で代用
落としブタがない場合は、鍋のサイズに切ったアルミホイルやオーブンシートで代用することができる。

ポイント 煮汁の色がよくないときは、黒あめやキャラメルを1粒入れるという裏技がおすすめ。自然と照りが出て、おいしそうな色に仕上がります。

煮物をつくるのってちょっと難しいと思っている人も多いのでは？ 煮崩れしたり、不味そうな色になってしまったり……。でもコツを押さえれば、もう大丈夫。この機会にレパートリーを増やしておきましょう。

ポトフ ～冷たい煮汁で煮る～

【材料】ベーコン（かたまり）…150グラム、ニンジン（皮を剥いて乱切り）…1本、セロリ（筋を取り、5～6センチ幅に切る）…小1本、タマネギ（皮を剥いて、先端の根を落とし、クローブを1本ずつ刺す）…小2個、ジャガイモ…2個、キャベツ（芯をつけたまま半分のくし形に切る）…1/4個、ソーセージ4本、コンソメスープ…3カップ、粒コショウ…小さじ1/3、ローリエ…1枚

❶  煮込み用の鍋にジャガイモとキャベツ以外の野菜、ベーコン、コンソメスープ（常温）、粒コショウ、ローリエ、クローブを入れ、弱めの中火で約20分煮る。

❷  煮崩れしやすいジャガイモは、ニンジンに火が通ってから加える。フタをしてさらに約10分煮る。

❸ 最後に、長く煮ると溶けてしまうキャベツと破裂しやすいソーセージを加え、さらに10分煮る。

カレイの煮つけ ～温かい煮汁で煮る～

【材料】子持ちカレイ…2切れ、合わせ調味料（しょうゆ・砂糖…各大さじ2、みりん…大さじ1、酒…1/4カップ）、ショウガの薄切り…1かけ分

❶ 鍋に合わせ調味料、ショウガを入れ、強火にかけてひと煮立ちさせる。皮目を上にしてカレイを入れる。

❷ 再び煮立ったら、弱火にして、煮汁をカレイにかける。

❸ 紙で落としブタをして、弱火のまま約10分煮る。

❹ ときどき紙をめくって、煮汁を全体にかけて味をなじませる。

> **ポイント** ゆでたタケノコにカビのような白いかたまりがつくことがあります。これは、タケノコに含まれるたんぱく質の一部で「チロシン」が結晶化したもの。食べても問題ありません。

肉じゃが 〜炒めてから煮る〜

【材料】牛肉薄切り肉（ひと口大に切る）…150グラム、ジャガイモ…小4個（半分に切り、面取りをする）、タマネギ（くし形に切る）…1/2個、ニンジン（乱切り）…1本、しらたき（ざく切り）…1/2袋、合わせ調味料（だし…2.5カップ、砂糖・しょうゆ…各大さじ3）、サラダ油…小さじ2

 ❶ しらたきは下ゆでしておく。

 ❷ 煮込み用の鍋を熱して油を引き、牛肉を入れてサッと炒める。

 ❸ 肉の色が変わったら端に寄せ、ジャガイモ、タマネギ、ニンジン、しらたきを入れ、合わせ調味料を加えて強めの中火で煮る。

 ❹ 沸騰したらアクをすくい、落としブタをして、20分ぐらい煮込む。器に盛るときに、ゆでたキヌサヤなどを添えるといい。

ひじきの煮物 〜炒め煮して煮詰める〜

【材料】ひじき（乾燥）…30グラム、ニンジン（細切り）…1/3本、油揚げ（湯をかけて油抜きし、短冊切り）…1枚、だし汁…3/4カップ、合わせ調味料（しょうゆ…大さじ1・1/2、砂糖…小さじ2、酒…1/4カップ）、サラダ油…大さじ1

  ひじきはたっぷりの水で戻す（戻し方は27ページ参照）。

 鍋を熱してサラダ油を引き、ひじき、ニンジンを入れて炒める。ニンジンがややしんなりしたら、だし汁を注ぎ入れ、煮立ったら合わせ調味料を加えて混ぜる。

 調味料が全体になじんだら、油揚げを加え、煮汁がなくなるまで炒め煮する。

 ポイント 里芋を剥くときに手がかゆくなるのは、ヌメリの成分であるシュウ酸の結晶が皮膚にささるため。できるだけ乾いたまま扱うのがコツなので、土を軽く落として、そのまま皮を剥くと◎。その際、手と包丁も乾かしておきましょう。

煮物で失敗したら…

煮物をつくっていると、煮汁が足りなくなったり、焦げてしまったりといったトラブルに直面することも。そんなときは慌てずに以下の方法をとりましょう。

煮汁がない
和風ならだし汁、洋風ならコンソメスープを加え、火を弱めて煮る。

煮汁が多い
完成後に煮汁が多すぎると煮崩れの原因に。煮汁を捨て、調味料を調整して弱火で煮る。

焦げた…
かき混ぜるのはNG。慌てずに焦げていない部分を別の鍋に移し、だしを加えて煮直す。

煮崩れた
別の鍋に移し、残った煮汁をこして加える。温め直す際は電子レンジを使う。

アクの取り方

煮物や鍋物をする際に、耳にすることの多い「アク」。
アクとはいったいどんなもので、なぜ「アク取り」をした方がいいのでしょうか?

アクってなに?
材料を煮ているときに浮いてくる泡がアク。野菜のえぐみや、肉や魚の血などが主成分。料理の味を落としたり、スープを濁らせたりするので、なるべく取った方がいい。

一度煮立ったら取る
初めに煮立ったときにアクを取らないと、煮立てているうちに汁と混ざってしまうのですぐにすくうこと。

すくったら水ですすぐ
アクをおたまなどですくったら、水を張ったボウルでよくすすぐ。

> **ポイント** 「ゆでこぼす」という調理方法の意味は、材料をゆでて、その汁を捨てること。アクやヌメリ、臭いなどを取り、スッキリした味にしたいときに使いましょう。

> 手軽に低温調理

材料を入れるだけ
炊飯器レシピ

実は炊飯器は、材料を入れて炊飯ボタンを押すだけで、手軽に「煮る」「蒸す」ができるとっても便利な調理器具なんです。ここでは、すぐに実践できる炊飯器レシピを紹介しましょう。

炊飯器調理のコツ

1. 素材を均一に入れる
加熱ムラを防ぐため、材料は均等に。煮汁はよく混ぜ合わせてから入れること。

2. 落としブタをする
調理の途中で混ぜることができないので、煮汁を対流させる紙の落としブタが重要。アク取りシートやオーブンシートでつくる。

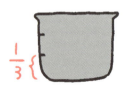

3. 量に注意する
量が多すぎると吹きこぼれるので、内釜の容量の1/3までにしておくこと。

4. 圧力式はNG
蒸気の吹き出し口に食材が詰まったり、フタをあけるときに中身が飛び散ることがあるので、圧力式は使用不可。

> **ポイント** 調理に使った炊飯器のジャーは、終わったらすぐに洗うのが基本。長時間保温しているとジャーに味が移ってしまうので要注意。炊き込みご飯をつくる際も同様です。

イラストでよくわかる　料理の基本とコツ

炊飯器でつくる簡単レシピ

豚の角煮

【材　料】
- 豚バラ ブロック肉（4センチ角に切る）…400グラム
- ショウガ（薄切り）…1かけ
- ネギの青い部分（ぶつ切り）…1本分
- ゆで卵…4個
- 合わせ調味料（しょうゆ、砂糖…各大さじ4、酒…大さじ3、水…2.5カップ）

【つくり方】
1. 炊飯器にゆで卵以外の材料と合わせ調味料を入れ、アク取りシートで落としブタをし、炊飯機能で60分加熱する。
2. 全体を混ぜ、ゆで卵を加えて、さらに40分炊飯する。

サバのみそ煮

【材　料】
- サバ（切り身）…4切れ ※調理の10分前に塩（分量外）を振り、水気を拭いておく。
- ショウガ（薄切り）…1かけ
- ネギの青い部分（ぶつ切り）…1本分
- 合わせ調味料（砂糖…大さじ4、みそ…大さじ3、酒…大さじ2、水…1/2カップ）

【つくり方】
1. 炊飯器に合わせ調味料を入れ、炊飯機能で20分加熱する。
2. サバを入れて、アク取りシートで落としブタをし、炊飯機能で30分加熱する。
3. サバを器に取り、針ショウガ（分量外）をトッピングする。

ロールキャベツ

【材　料】
- キャベツ（芯をそいで、4枚ずつラップで巻き、電子レンジ500wで2分30秒加熱）…8枚
- ベーコン（縦半分、横半分に切る）…2枚
- 具材A（豚ひき肉…300グラム、タマネギ［みじん切り］…1/2個、シイタケ［みじん切り］…2枚、高野豆腐（すりおろし）…1/2個、塩、コショウ、ナツメグ…少々、卵…1個）・コンソメスープ…2カップ
- ローリエ…1枚　・塩…少々

【つくり方】
1. ボウルに（具材A）を入れ、粘りが出るまでよく混ぜる。8等分して、キャベツで巻き、その上からベーコンを巻いて、楊枝で留める。
2. 巻き終わりを下にして、炊飯器に入れる。コンソメスープ、ローリエ、塩を入れ、オーブンシートでフタをし、50分炊飯する。

基本を押さえる調理術⑤ 揚げる

ボロボロすぎて…

女子A：はーい！　コロッケお待たせ！
女子B：何このポテサラ!?　斬新！
女子A：だーかーらー、コロッケだって！

「カラッと上手く揚がらない」など、調理の悩みとしてよく聞くのが揚げ物。これを解決するためのポイントは、温度管理と、一度に揚げる量に注意すること。基本を知って揚げ物マスターになりましょう！

揚げ物上達4ヵ条

揚げ物を上達させるには、押さえるべきポイントがあります。鍋のサイズや油の温度などのコツをまとめました。

1. 鍋のサイズに注意！
安全面から、鍋は直径20cm×高さ10cm以上のものを。

2. 油の温度に注意！
油の温度が上がり過ぎたら、火を止めて差し油をする。

3. 一度に揚げる量に注意！
一度に揚げる量は、鍋の表面積の2分の1程度が目安。

4. かすはこまめにすくい取る！
揚げかすは焦げの原因。こまめにすくって捨てること。

> **ポイント**　揚げ物の衣をカリッと仕上げたいなら小麦粉に水の代わりにビールを加えるという方法も。ビールに含まれる炭酸ガスでサクサクの食感に。

油の適温と揚げ時間

家庭でよくつくる揚げ物メニューとその揚げ時間の目安をまとめました。

揚げ物の種類	油の温度	揚げ時間
天ぷら（魚介類）	180℃	1〜2分
天ぷら（サツマイモ・ジャガイモ・レンコン）	160℃	3分
かき揚げ	180℃	1〜2分
フライ（肉・魚）	180℃	2〜3分
コロッケ	190℃	40秒〜1分
から揚げ	170℃	2〜3分

油の温度を確認する方法

油の温度は温度計がなくても、菜箸などを使って確認することができます。

低温150〜160℃
菜箸を入れると、細かい泡がゆっくり上がる。衣を少量落とすと、沈んで2、3秒後に上がってくる。

中温170℃前後
菜箸を入れると、少し大きい泡が浮き上がる。衣を少量落とすと、あまり沈まず、すぐに浮き上がる。

高温180〜190℃
菜箸を入れると、箸の先から大きな泡がブクブク出る。衣を少量落とすと、散るように浮き上がる。

揚げ油の後始末

困ることの多い使用済み油の処分方法。賞味期限の目安もあわせてまとめました。

油の賞味期限
2人前程度の揚げ物だったら、再使用可能。キレイにこして、フタつきのオイルポットに入れて、保存。

油の捨てどき
油が痛んで黒く濁ってきたら捨てどきのサイン。肉や魚を揚げると、油の傷みが早くなる。

油の捨て方
市販の油処理製品を使うのが手軽。固めるタイプと天然パルプを入れて吸わせるタイプがある。

 寒い時期には、オリーブ油に白い粒が浮かんだり、全体が白く濁ったりすることがあります。これはオリーブ油に含まれているオレイン酸が約10℃で凍りはじめるから。そのまま使っても問題ありませんが、使いにくいときは少し温めましょう。

基本を押さえる調理術⑥

レシピの読み方

日本語で説明して！

女子A：ひたひたの水をフツフツ言うまで加熱だって。
女子B：どういうこと？　ひたひたをフツフツ？？
女子A：あたしもぜんぜんわかんない……。

「料理はしたいんだけど、レシピに書かれている言葉の意味がわからない」という人も少なくないはず。この章ではレシピの読み方をご紹介。知っている人もおさらいしておきましょう。

とろ火ってなに？

レシピ本などに必ずといっていいほど出てくる火加減。
強火や中火、弱火、とろ火の火加減の強さをまとめました。

火加減の読み方

強火
火が鍋底にぴったりついているのが「強火」。

中火
炎の先が鍋底に触れるのが「中火」。

弱火
炎の高さが鍋底との空間の半分ぐらいが「弱火」。

とろ火
ギリギリついているような最小の炎が「とろ火」。

 減菌処理が施されている生食用のカキ。生で食べることができますが、菌と一緒にうまみ成分が出ているため、カキフライには不向きです。

イラストでよくわかる　料理の基本とコツ

その他の頻出用語

レシピ用語の中から頻出単語を厳選。間違えていないか再確認しましょう。

加減いろいろ…

ひたひた
食材が水に隠れるか隠れないか程度。

かぶるぐらい
水がちょうど食材にかぶりきるぐらい。

サッとゆでる
手早く煮ること。材料を入れて、色が変わる程度。

油がまわったら
全体に油がなじんでツヤが出ている状態。

しんなりするまで
野菜をややクタッとするまで加熱した状態。

香りが出たら
香味野菜の香りが出るまで中火で加熱すること。

キツネ色になるまで
淡い黄色よりも濃い茶色。焼き色、揚げ色の目安。

フツフツ
煮汁が沸騰寸前。その状態をキープして煮る。

グツグツ
煮汁を沸騰させた状態でじっくり煮る。

コトコト
弱火で煮くずれないように注意して煮ること。

ひと煮立ち
材料を入れて、もう一度煮立たせること。

> 鍋物の薬味によく使われるもみじおろしは、大根に赤唐辛子を差し込み、一緒におろしたもの。赤い色味がもみじにたとえられたと言われています。

知っておきたい 道具がなくても量れる
手ばかり・目ばかりのコツ

キッチンスケールなどの計量道具がないときに役立つのが、手で持ったり、
目で見たりして、食材や調味料の重さを量る「手ばかり・目ばかり」。
コツを知っておくと、アウトドアなど道具がないときに役立ちます。

手ばかりの目安

手でつまむことで計量スプーンの代わりをしたり、片手にのせることでだいたいの分量を量ったりすることが可能です。

ひとつまみ
3本の指でつまむ。

ひとにぎり
軽くにぎる。

少々
2本の指でつまむ。

片手にのる卵
約4個。

片手にのる野菜
刻んだ野菜類は約100グラム。

片手にのる魚の切り身
中3本の指にのる魚の切り身は約70〜80グラム。

ひとかけ
女性の親指大。指のつけ根から先までの距離。

 ポイント 卵はサイズによって重さが違うことを知っておきましょう。Lサイズは約60グラム、Mサイズは約45グラム。黄身の大きさはほとんど変わりなく、白身の量が違います。

計量スプーン・カップの代用

調味料などの分量は身近なものを使って測ることができます。

 カレースプーン
1杯＝約15ml
（大さじ約1杯分）

 ペットボトルのフタ
1杯＝約7.5ml
（大さじ約1/2杯分）

 ティースプーン
1杯＝約5ml
（小さじ約1杯分）

 おたま
1杯＝約50ml

 ヨーグルトカップ カレー・シチュー容器（固形ルー）
1杯＝約100ml

 豆腐容器（1丁）
1杯＝約250ml
（3丁入り1パック）
1杯＝約150ml

目ばかりの目安

下記イラストの食材は、いずれもおおよそ100グラムです。
手にのせて、手のひらの大きさと比べると目分量でわかりやすいです。

 ジャガイモ小1個

 タマネギ中1/2個

 大根3センチ

 トマト小1個

 ピーマン大3個

 薄切り肉4枚

 米のカップとは、炊飯器についているカップのことで、一般的な計量カップとは異なります。米1カップはすり切りで米1合。水分を入れたら180ミリリットルです。

電子レンジ活用法

基本を押さえる調理術⑦

電子レンジを食材の加熱にしか使わないのはもったいない。基本の加熱法から調理の時短につながるワザなど、電子レンジの便利な活用法を紹介します。

新食感の天ぷら

夫：天ぷらにラップしてチンしたでしょ！
妻：え？　ダメなの??
夫：天ぷらはラップなしってジョーシキ！

実は便利な電子レンジ

どこの家庭にもある電子レンジ。食品を手早く手軽に加熱するだけでなく、その他にもこんな用途があるのです。

キウイを食べ頃に

キウイを買ったときにかたすぎたら、電子レンジで20秒加熱するだけで、食べ頃に。

絞りやすいレモンに

絞りにくいレモンやオレンジも20秒加熱すると皮が柔らかくなり、絞りやすくなる。

 電子レンジが汚れてしまったら、ゆるく絞った濡れフキンを電子レンジで加熱してから、ゴム手袋をして庫内を掃除します。濡れフキンを加熱すると蒸気が発生し、レンジ内の汚れをゆるませることができます。

食材別電子レンジ加熱法

食材によってラップのかけ方は変わってきます。基本的なものを紹介します。

ラップすべきもの
野菜全般や煮物、シチューなど沸騰するとハネるもの。

ラップなしがベター
天ぷらや揚げ物全般、焼きもの、ミルクなどの飲みもの。

ふんわりラップ
脂っこい食品はぴったりラップすると、加熱時にラップが裂けてしまうことも。

落としラップ
汁気の少ない煮物などは、素材の表面にラップを落とすと効率よく温まる。

電子レンジで時短調理

いつもの料理も電子レンジを使えば時短できる可能性も。試してみましょう。

電子レンジで蒸し野菜
市販のシリコンスチーマーに野菜を入れ、電子レンジで加熱するだけで簡単につくれる。

トウモロコシを皮ごとゆでる
茎を落としたトウモロコシを皮ごとラップで包み、電子レンジ（500W）で5分加熱する。

ベーコンをカリカリにする
ベーコン2枚を1センチ幅に切り、耐熱皿にペーパータオルを敷いてのせ、電子レンジ（500W）で1分加熱する。

チョコレートを溶かす
板状のチョコレート2枚程度を刻んだものを耐熱容器に入れて、電子レンジ（500W）で40秒〜1分加熱する。

イチゴジャムをつくる
イチゴ（半分に切る）1パック、グラニュー糖100グラム、レモン汁大さじ1を耐熱容器に入れ、電子レンジ（500W）で6分加熱して混ぜ、再び6分加熱する。

> 電子レンジを活用すれば、豆腐の水切りも簡単にできます。深めの器に豆腐1丁を入れ、ラップなしで電子レンジ（500W）で2分加熱するだけで完了です！

【保存方法から炊き方まで】
お米をおいしく炊くコツ

日本人のソウルフードであるお米。一番おいしい状態で
食べられるように、お米を炊くコツをおさらいしておきましょう。

お米の保存方法

10〜15℃の場所で保管

お米の保存は、10〜15℃の温度を保てる場所がベター。可能なら冷蔵庫の野菜室に入れましょう。保存の際は袋のままではなく、米びつなどに移し替えるようにしましょう。

お米の研ぎ方

❶ ボウルに米と水を入れ、2、3回混ぜて水を捨てる。

❷ 手の先で混ぜるようにして表面のヌカを取り除く。

❸ 新しい水を注いで混ぜ、水を捨てる（3〜4回）。

❹ ザルに上げて10〜20分置いておく。

❺ 夏は30分、冬は1時間程度浸水させてから炊く。

❻ 炊けたら空気を入れるように底からしゃもじで返す。

炊飯の裏ワザ

ぬるま湯でもOK

米は水で研いだ方がいいと思われがちだが、それは熱湯だと米のデンプンが分解されるから。30〜40℃のぬるま湯なら問題ない。

時間がないときは熱湯で炊く

急速モードのない炊飯器の場合、研いだ米と熱湯を入れて炊くと炊飯にかかる時間を短縮できる。

 新米は古米に比べて少ない水加減で炊くのが常識でしたが、最近では新米も古米も水分量を15％程度に定めて出荷されているため、極端に水を減らす必要はありません。

イラストでよくわかる　料理の基本とコツ

【第三章】気分が上がる盛りつけ術

食材や調理にこだわったら、ぜひ盛りつけもひと工夫したいところ。盛りつけは料理の見た目を上げるだけでなく、食べる側の気分を盛り上げてくれる効果も。盛りつけのコツを学んで、ワンランクの料理をめざしましょう。

定番が落ち着くよね

気分が上がる盛りつけ術①

和のテーブルコーディネート

和食器は種類が多いので、何を揃えたらいいか迷いがち。選ぶときには、なるべくデザインがシンプルで、洋風のメニューにも応用できるものを探しましょう。

彼氏：ユニークな食器が多いんだね……。
彼女：「和」テイストに固執したくないのよね。
彼氏：お茶碗くらいフツーでいいと思うけど。

和食器選びのコツ

食器には料理をおいしく見せるという、重要な役目があります。
毎日使うものだから、食事に合ったものを選びましょう。

1. 柄はシンプルなものを選ぶ

メインの皿は無地のもの、または柄が目立たないもので揃えるのがベター。柄モノの小皿や小鉢などでアクセントを。

2. 大きさを考える

茶碗ひとつとっても大きさはさまざま。毎日使うものなので、自分の食べる量を考えて選ぼう。

3. 重さをチェック

和食器は個性的なものも多く、重さもいろいろ。軽すぎても重すぎても使いにくいので、必ず手に取って確認しよう。

 ポイント　木のお椀や箸を長時間水に浸すのはNG。洗ってフキンで水気を拭いた後、すぐに仕舞うのではなく、完全に乾いてから片づけましょう。

和のテーブルセッティングの基本

焼き魚や煮魚の定食を想定した基本の配置は、手前左に茶碗、右に汁碗、左上に主菜、右上に副菜を置くのが基本です。

和食の基本の配置

大皿
メインの皿は、深めのものを選ぶと煮魚などにも使うことができる。主菜が左にあると右利きの人は食べやすい。

小皿
しょうゆ皿や薬味入れ、香の物を添えるときなど、用途は多い。通常は中央に置くが、邪魔にならない場所ならどこでもOK。

小鉢
和えものやおひたしなどの副菜を入れる器。直径6〜10センチくらいのものが使いやすい。右側に配置するのが基本。

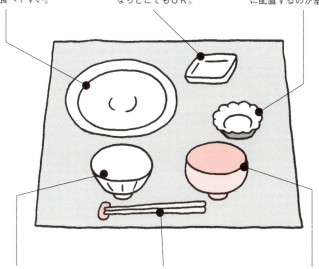

茶碗
食べる量と手の大きさに合わせて選ぶ。陶器と磁器、2種類用意して季節で使い分けても。茶碗は左手で持つので、左側に配置する。

箸
箸はすべらず、丈夫なものを。女性なら長さ20〜23センチくらいのものがベター。箸置きは好みのものを選ぶ。

汁椀
茶碗よりひとまわり大きめのサイズを選ぶのが一般的。まずはシンプルなものを揃えよう。

> **ポイント** 天ぷらなどの揚げ物の下に紙を敷くのは、油を切るのと同時に、背景に白が入ることで天ぷらの色を引き立たせておいしそうに見せる、という理由もあります。

和の盛りつけの基本

気分が上がる盛りつけ術②　和の盛りつけ

焼き魚の盛りつけ方

尾頭つきの魚は頭を左に置く（カレイのみ反対）。開きは皮目を上にして頭が左にくるようにし、サケなどの切り身は皮を奥側に置くのが基本。

魚の頭を左にして置く。　　　大根おろしは手前右、はじかみショウガは手前中央寄りに。

煮魚の盛りつけ方

煮魚は崩れやすいので、必ずフライ返しを使って盛りつける。煮汁につけながら味わうものなので、仕上げに煮汁をたっぷりと入れる。

少し深めの皿の中央に魚をそっと盛りつけ、その他の具を手前に立てかける。　　　中央に針ショウガを山状に飾ると立体感が出る。仕上げに煮汁をたっぷりと入れる。

煮物の盛りつけ方

キレイに盛るコツは、具を菜箸で取り出し、ひとつずつ器においで積み上げ、仕上げに汁を張ること。おたまで一気に入れないように。

里芋など形のしっかりしているものを下にし、山状になるように盛りつける。　　　彩りを添えるインゲンやキヌサヤは、手で形を整えてから盛りつける。

> **ポイント**　出し巻き卵や太巻きなどの巻物は、同じ方向に並べて盛るよりも切り口を見せたり、重ねたり、ずらして並べたりするとキレイです。

和食の盛りつけは難しそうなイメージがありますが、基本を押さえておけば大丈夫！　簡単にキレイに盛りつけられるコツを覚えておきましょう。

刺身の盛りつけ方

種類ごとに別々の山をつくって分類し、高さを出しながら盛ることがポイント。

大根のツマを丸めて皿の奥に盛り、大葉を手前に立てかけるように置く。

刺身の種類によって別々の山をつくり、高さと色合いを見ながら調整。右手前にわさびを盛る。

天ぷらの盛りつけ方

さまざまな種類を一度に盛る天ぷら。立体感と彩りを意識して盛りつける。

カボチャなどボリュームのあるものは奥、エビは尾を上にして立たせる。

手前は大葉やシシトウなど色が濃く小さいもの。大根おろしは懐紙の手前に置く。

和えものの盛りつけ方

山高に盛るのが基本。煮物や和えものの仕上げに白髪ネギなどをのせる「天盛り」は彩りのほか、誰も箸をつけていないという印に。

まず半量を箸でつかんで盛りつける。

残りは箸で形を整えて自然にのせる。

■ **和のトッピングいろいろ**

- **白髪ネギ/針ショウガ**…細かく切ったネギやショウガを水にさらしたもの。ショウガは繊維に沿って切ると細く切れる。
- **大葉/ミョウガ**…千切りにして冷ややっこやそうめんに。
- **万能ネギ**…繊維に直角に細かく切る小口切りにする。乾燥しやすいので、切ってから冷凍しておくと便利。

気分が上がる盛りつけ術③

洋のテーブルコーディネート

最後の晩餐!?

何が出てくるの？
期待してて〜
ズラー

彼女：うわ、すごいお皿の数。どんな料理が出てくるの？
彼氏：いいから期待してて！
彼女：こんなにたくさん……食べ切れるかしら。

揃えておきたい洋食器

食事の種類に応じてテーブルをコーディネートするためには洋食器も欠かせません。基本の洋食器をまとめました。

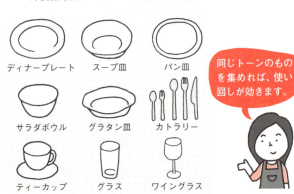

ディナープレート　スープ皿　パン皿
サラダボウル　グラタン皿　カトラリー
ティーカップ　グラス　ワイングラス

同じトーンのものを集めれば、使い回しが効きます。

まずは基本の洋食器を一式揃え、テーブルクロスやランチョンマットを複数枚用意しましょう。花柄やストライプ、チェック、無地などがあれば、同じ食器でも違う雰囲気が演出できます。

ポイント どんな料理でも和・洋食器があれば、代用可能。ラーメン鉢やチャーハン皿を揃えておくとさらにバリエーションが広がります。

洋のテーブルセッティングの基本

オシャレにディナーを楽しみたいなら、レストランで見かけるテーブルセッティングをマネしてみましょう。お皿を揃えて置くだけで、だいぶ違った雰囲気に。

洋食の基本の配置

パン皿
左奥に置き、バターナイフを添える。

グラス類
ワイングラスは外、水を飲むためのグラスは内側に。

カトラリー
ディナープレートの両端に左からフォーク、ナイフの順に並べる。

ナプキン
皿のデザインがシンプルな場合、ビビッドなランチョンマットを合わせるとアクセントになる。

ディナープレート
肉料理、魚料理、パスタなどのメインディッシュをのせる皿。直径23〜27センチのものがベター。同柄のパン皿を重ねてセットしてもOK。

初めてなら同じメーカーの商品で揃えるのが無難です。

ポイント 和食と洋食、両方のメニューを一緒に出す際は、食器の素材選びがポイント。和食器と洋食器が同じテーブルに並んだとしても、同系等の素材で統一すればしっくり馴染みます。

洋の盛りつけの基本

気分が上がる盛りつけ術④

洋の盛りつけ

大切な記念日においしいディナーをつくったとしても、盛りつけに問題アリだと悲しい結末に……。コツを押さえて、みんなを感動させる仕上がりを目指しましょう。

ステーキ、揚げ物の盛りつけ方

汁気のない肉料理は、後ろにつけ合わせ、手前に料理を盛るのがポイント。つけ合わせに肉料理を立てかけると立体的になります。

つけ合わせを奥に配置。トマトなど鮮やかな色のものは右に置くとバランスが◎。

メイン料理をつけ合わせに立てかけるように置き、塩コショウ、ソースなどを散らす。

パスタの盛りつけ方

パスタを盛るときは高さを出すのがポイント。トングでつかんだパスタを皿につけ、皿を回しながら、ねじるように盛りつけます。

少量のパスタをトングでつかみ、皿と手首を回しながら、小高く盛っていく。

ソースを上からかける。オリーブ油や黒コショウを振りかけるとプロの仕上がりに。

ハンバーグの盛りつけ方

奥につけ合わせを盛り、手前にハンバーグ。ソースをかけることを考え、手前に置きすぎないように注意しましょう。

つけ合わせは奥、ハンバーグは中央に。ソースはやや手前にたらすように注ぐ。

色鮮やかなつけ合わせの野菜は、左か右の端に置くと全体にまとまりが出る。

> **ポイント** バターライスは、底を切り取った缶詰の空き缶にご飯を詰めるとキレイに盛りつけられます。ツナ缶などが手頃なサイズでオススメです。

カレーの盛りつけ方

カレーのルーを皿いっぱいかけすぎると、品がない印象に……。皿のフチを残してかけるようにすると、キレイに盛りつけることができます。

皿に対して左側にご飯を盛る。平らにならしながらよそうと、カレーが入れやすい。

カレーはご飯に対して右に盛る。ご飯にかけない方がキレイに見える。

シチューの盛りつけ方

複数に取り分けるときは、具材が均等に行き渡るように注意。まずは具材から皿に盛りつけ、後からルウを注ぐとキレイに仕上げることができます。

まず具材から盛りつける。バターライスを添えるときは型で抜いたりしても。ルウは最後に盛りつける。

スープ皿ではなく、平皿に盛りつけるとレストラン風に。仕上げにブロッコリーなどを散らす。

サラダの盛りつけ方

サラダの盛りつけのポイントは、緑に映える色を均等に散らしていくこと。赤や緑、黄色、白などの食材を取り入れると見た目が鮮やかになります。

レタスなどの葉野菜はドレッシングであえてから皿に盛る。

その他の具材は1ヶ所に固まらないように均等に散らす。

> **ポイント** カレーをキレイに注ぐコツは、小さめのおたまを使うこと。カレーをすくった後、一度おたまの底をカレーにつけてから注ぐようにすると、お皿の周りを汚さずに済みます。

洋の大皿料理の盛りつけ

気分が上がる盛りつけ術⑤

大皿の盛りつけ

おもてなしの場面で登場する大皿料理。ゲストの舌だけでなく、目も楽しませる盛りつけを心がけたいものです。

パーティなどで目を引く大皿料理。お客様をおもてなしするには、少しでもキレイに盛りたいと思うもの。当日になって慌てないためにも、そのコツをチェックしておきましょう！

1. 揚げ物を大皿に盛る

フチの広い大皿などに、複数の種類の揚げ物を重ねて盛り、ゴージャス感を演出。ソースをかけて照りを出すのも◎。

2. ブルスケッタなどを長皿に盛る

ブルスケッタはイタリア料理の軽食で、ガーリックトーストにトマトなどをのせたもの。長皿にまっすぐ並べるとすっきりとして、モダンな印象に。

3. ハムやソーセージをオーバル皿に盛りつける

卵型の「オーバル皿」に種類ごとにまとめて盛る。立体感を出すために生ハムなどは半分に折り、バラに見えるように巻けば完璧！ グリーンサラダやオリーブ、パセリも添えて。

> パーティで大皿が並ぶ場合は、料理を盛る前にテーブルに置き、全体のバランスを確認しましょう。

ポイント 鮮やかな料理ならば無地の皿、料理がシンプルな色合いなら鮮やかな色や柄の皿を選ぶと、料理をより引き立てることができます。

イラストでよくわかる 料理の基本とコツ

和・中華の大皿料理の盛りつけ

パーティでは、和食や中華の大皿料理をつくることも。
大切な場を食卓から華やかにしてくれる盛りつけ方を紹介します。

1. 魚料理を大皿に盛る

大きめの丸皿やオーバル皿の中央に一尾魚を置き、香味ソースを山状に盛ったり、ソースをかけるとボリューム感が出る。

2. 焼豚などは円形に盛ると鮮やか

焼豚などは大皿にぐるりと円形に並べると見た目が鮮やか。薬味などを散らしてもいい。

3. 煮物は深さのある盛り鉢を使う

煮物などは深さのある盛り鉢にこんもり盛りつける。余白をあけると上品な仕上がりに。

4. 炒め物は大皿に豪快に盛りつける

中華料理は豪快さがウリ。できたてを大皿に移して、ならすだけでOK。

ポイント 皿に対して料理を少なく盛ると、余白がたっぷり出るため、品よく仕上がります。その一方、皿に対してめいっぱい盛りつけると、ボリューム感を出すことができます。

当日になって慌てない
ホームパーティのコツ

使える!

飲み会や持ち寄りパーティを自宅で開く人が増えています。
ホストになったとき、どんな準備をしたらいいのでしょうか。

パーティのプランを練る

何事も最初の計画が肝心。人数はどれくらい呼ぶのか、どんな内容の食事を
用意するのかなど、パーティのおおよそのプランを事前に決めておきましょう。

日程、テーマ、ゲストを決める

まずは日程・テーマを決め、それに合うゲストをリストアップ。メールや電話などで連絡し、だいたいの参加人数を決定しましょう。

料理はどうする？

ホストが料理好きの場合は、ホストが料理をつくり、ゲストがビールやワインなどのドリンクやデザートを持ち寄るという方法も。料理や飲み物などをすべて用意して、会費制にする場合もあります。

■ 参加者が料理を持ち寄る
　ポトラックパーティ

料理が苦手な場合はポトラックパーティ（持ち寄り）もオススメ。デパ地下のお惣菜やケーキを持ち寄れば、調理の時間がないゲストも参加しやすくなります。

ポイント ワインを冷やしたいけれど、ワインクーラーがない。そんなときは直径20センチ以上、高さ15センチ以上の両手鍋で代用。生活感が出てしまいそうなデザインの鍋なら、風呂敷やスカーフなどで包んでみましょう。

イラストでよくわかる　料理の基本とコツ

パーティの準備をする

直前になって慌てないよう、準備は慎重に。参加者に協力を仰いでもOKです。

買い物は分担してもOK！
買い物は前日まで80パーセントにとどめておき、ゲストの中にマメな友人がいれば、当日、残りの買い物をお任せしても。買い忘れがあったときにも追加でお願いできるので便利です。

お部屋をお掃除
テーブルの上はキレイでも、部屋が汚くてはゲストもくつろげません。特に長時間過ごすリビングやお手伝いしてもらうこともあるキッチン、お出迎えする玄関やトイレなど、ゲストが出入りする場所は念入りに掃除しておきましょう。

グラスやカトラリーは前日の夜に準備
当日使うグラスやカトラリー、プレートなどは、前日の夜、テーブルの上に用意しておくと慌てずに済みます。

パーティの終わりに

余ったものをお土産にして渡す
わざわざ買う必要はないけれど、残ったお菓子などを人数分に包み直したり、飾った花を小さなブーケにしたりすると印象アップです。

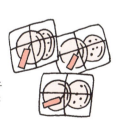

ポイント パーティでは、自分のグラスをよく見失うことがあります。グラスに名前を書ければいいのですが、ワイングラスの場合はそうはいかないことも。そんなときはマスキングテープが便利。油性ペンで名前を書き、グラスに貼ると簡単に見分けることができます。

気分が上がる盛りつけ術⑥

お弁当の基本

ダイエットじゃないです

女子A：うわ、お弁当すっごい寄ってるし！
女子B：どしたの？ あ、量減らしてダイエット中？
女子A：今朝パンパンに詰めたはずなんだけど……。

健康や節約のためにお弁当を会社に持参する人が増えています。春から夏にかけては食品が傷みやすくなるシーズンです。しっかり基本を押さえて、おいしく安全なお弁当をつくりましょう。

お弁当箱の基本

お弁当箱の種類は、下記の４種類がメイン。毎日持っていく人は、複数揃えて雰囲気を変えてみるのもオススメです。

プラスチック製
仕切りつきのものや、ご飯とおかずを別々に入れるものなど、さまざま。

アルミ製
保温庫を利用可。梅干しや酢の物を直接入れると腐食するので、注意。

木製
木を円形に曲げた「わっぱ」はご飯の水分を程よく吸収。冷めてもおいしい。

スープジャー
お弁当の温かさをランチまでキープ。その名の通り、スープも持ち運び可能。

 お弁当箱の気になる臭いを防ぐには、食べ終わった後にティッシュなどで汁をざっと取っておくこと。これで洗うのもラクになります。

基本の詰め方

ご飯はあらかじめバットに取り、粗熱を取ってから詰めること。
味移りを防ぐため、お惣菜はシリコンカップなどで仕切りをするのも忘れずに。

お弁当の基本の詰め方

1. ご飯を詰める
まず弁当箱の1/3〜1/2のスペースに粗熱を取ったご飯を入れる。

2. 主菜を詰める
次に1/4ぐらいのスペースに主菜を詰める。

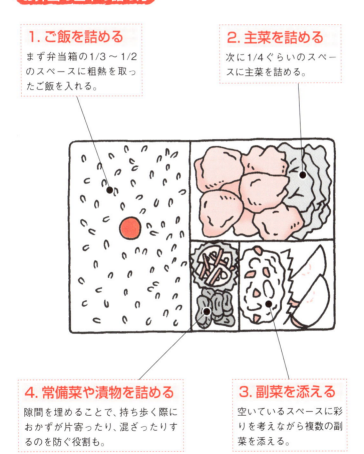

4. 常備菜や漬物を詰める
隙間を埋めることで、持ち歩く際におかずが片寄ったり、混ざったりするのを防ぐ役割も。

3. 副菜を添える
空いているスペースに彩りを考えながら複数の副菜を添える。

ポイント 炒め物の仕上げに水溶き片栗粉を加えて汁気をまとめるのも、お弁当の汁もれ防止に。削りかつおをまぶして汁気を吸わせても。また、お弁当箱を専用のランチバッグで持ち歩けば、万が一のときもカバンにシミができるのを防げます。

気分が上がる盛りつけ術⑦

お弁当の傷みを防ぐ

穴があったら入りたい

女子A：ねぇねぇ、なんか生臭くない？　なんだろ……。
女子B：わかった！ 魚と汗と靴下が混ざった感じ！
女子C：（ひぃ～、私のお弁当かもなんて言えない……）

お弁当はつくってから5～6時間経ってから食べることが多いので、衛生面には気を遣いたいところ。ここでは、お弁当を傷みにくくするポイントを紹介します。

食品衛生の基本3ヵ条

衛生面の基本的な部分を押さえておけば、お弁当の傷みはある程度防ぐことができます。必ず実践したいのは次の3点です。

1. 調理前には必ず手を洗う
調理する前に、必ず薬用石鹸で手を洗う。水を拭き取るときは清潔なタオルを使用する。

2. 調理器具はこまめに消毒
まな板は肉・魚、野菜で使う面を分ける。使用後は毎回熱湯消毒。塩素系漂白剤を使って定期的に除菌も。

3. ご飯とおかずは分けて詰める
おかずとご飯が接しているとどうしても傷みやすい。弁当箱は2段のものか、仕切りのあるものを選ぶ。

ポイント お弁当に入れるご飯やお惣菜はドライヤーの冷風を当てると早く冷めます。煮物などはボウルに入れて、下から氷水などを当てると◎。

お弁当を傷みにくくするコツ

調理時の注意点や味つけなど、お弁当のおいしさが長持ちするコツを紹介します。

しっかり加熱
細菌は75℃で1分以上、中まで加熱すると死滅する場合が多いので、しっかり加熱することが基本。

汁気の少ないおかずを選ぶ
水分が多いと細菌が繁殖しやすくなる。汁気の少ないおかずを選ぶか、煮汁を煮詰める、切るなどの工夫が必要。

味つけは少し濃いめ
いつものおかずよりも少し濃い味つけにすると細菌への感染率が低くなる。

抗菌効果のある酢を加える
抗菌効果がある調味料を活用する。酢や梅干し、マスタードやわさび、カレー粉など。

よく冷やしてから詰める
弁当箱に温かいご飯や惣菜を詰めると湯気が水滴となり、細菌が増える原因に。粗熱を取るのがマスト。

■ 前日につくっておく　コールド弁当とは？
前日につくり、冷凍庫で凍らせ、そのまま持っていくお弁当のこと。ハムやツナ、クリームチーズなどを挟んだサンドイッチが主流。ランチの頃には自然に解凍できているので、おいしく食べられる。

 お弁当には、赤、黄、緑、茶、黒、白の彩りが揃うと◎。赤はトマト、黄は卵、緑はホウレン草などの葉もの野菜、茶はお肉、白はご飯など。栄養のバランスも取れます。

使える! お弁当の隙間を埋める
カンタン常備菜9品

お弁当に隙間があると、中身が片寄ったり、惣菜が混ざったりすることも…。そんな隙間を手軽に埋める常備菜9品をご紹介。

■ ニンジンとオレンジのサラダ

【材料】ニンジン（千切り）…1/2本、オレンジ（皮を剥き、くし形に切り、半分にする）…1/3個、塩・黒コショウ…少々、合わせ調味料（オリーブ油…大さじ3、白ワインビネガー…小さじ1、ディジョンマスタード…小さじ1）

①ボウルにニンジン、塩を入れて混ぜ、約10分置き、水気を切る。
②別のボウルに①、オレンジ、合わせ調味料を入れ、黒コショウを振り、混ぜる。

■ レンコンの黒コショウ焼き

【材料】レンコン（1センチ幅に切り、酢水に浸けておく）…10センチ、オリーブ油…小さじ2、塩・黒コショウ…少々

①フライパンを熱し、オリーブ油を引き、レンコンを入れて、両面色よく焼く。
②塩、黒コショウで味を調える。

■ キノコのバルサミコソテー

【材料】エリンギ（薄切り）…1/2本、シメジ（小分けにする）…1/4個、マイタケ（小分けにする）…1/4個、バター…10グラム、塩…少々、バルサミコ酢…小さじ1

①フライパンを熱してバターを溶かし、エリンギ、シメジ、マイタケを加えて炒める。
②塩、バルサミコ酢で味を調える。

■ 寿司酢でピクルス

【材料】大根（スティック状に切る）…10センチ、ニンジン（スティック状に切る）…1/2本、パプリカ・黄色（乱切り）…1/2個、合わせ調味料（寿司酢…大さじ5、水…大さじ3、粒コショウ…大さじ1/3、ニンニク［薄切り］…1かけ、鷹の爪…1本、ローリエ…1枚）

①大根、ニンジン、パプリカをかためにゆでる。
②合わせ調味料を鍋に入れて沸かし、密閉容器に入れる。
③①を②に入れ、ひと晩以上浸ける。

イラストでよくわかる 料理の基本とコツ

■ スペイン風オムレツ

【材料】卵（溶きほぐしておく）…3個、皮つき冷凍ポテト…100グラム、タマネギ（角切り）…1/3個、オリーブ油…大さじ1、ニンニク（包丁の腹でつぶしておく）…1かけ、塩・コショウ…少々

①小さめのフライパンにオリーブ油、ニンニクを入れて熱し、香りが出てきたらニンニクを外す。
②タマネギと皮つき冷凍ポテトを加えて炒め、全体に油が回ったら、塩、コショウで味つけ。溶き卵を流し入れ、両面を色よく焼く。

■ 切り干し大根のナムル

【材料】切り干し大根…25グラム、白ごま…少々、合わせ調味料（一味唐辛子…小さじ1/2、酢…大さじ2、砂糖…大さじ1・1/4、塩…小さじ1/2、ゴマ油…大さじ1/2）

①ボウルに水を入れ、切り干し大根を約15分浸ける。
②①を沸騰した湯で約10分ゆでる。
③密閉容器に②と合わせ調味料を入れ、混ぜてから半日以上置く。

■ ミックスビーンズのカレー炒め

【材料】ミックスビーンズ（レッドキドニー・ヒヨコ豆など）…100グラム、サラダ油…小さじ2、カレー粉…小さじ2、カツオだし…大さじ1、塩・コショウ…少々

①フライパンにサラダ油、カレー粉を入れて加熱し、香りを出す。
②ミックスビーンズを炒めた後、カツオだしを加えて軽く煮る。
③塩・コショウで調味する。

■ 小松菜とツナの炒め物

【材料】小松菜（ざく切り）…1/2把、ツナ（油を切ってほぐす）…1/2缶、ゴマ油…大さじ1/2、塩…少々

①フライパンにツナを入れ、炒ってフレーク状にして、器にとる。
②①のフライパンにゴマ油、塩を入れて熱し、小松菜を炒める。
③②の小松菜に油が回ったら①を加えて混ぜる。

■ セロリのきんぴら

【材料】セロリ（筋を取って乱切り）…1/2本、ゴマ油…小さじ1、合わせ調味料（しょうゆ…大さじ1、みりん…大さじ1）

①フライパンを熱し、ゴマ油を入れて、セロリを炒める。
②合わせ調味料で調味する。

使える！「いいね！」がもらえる 料理写真のヒント

自分でつくった料理の写真をSNSに投稿することが流行しています。
でも、料理をうまく撮るのは意外と難しいもの……。
おいしそうな写真を撮影できるようになるヒントをまとめました。

料理の写真をうまく撮るヒント

その1 明るい場所で撮影

明るい場所で撮影すると、影ができる部分とそうでない部分が生じて、料理に立体感が出ます。また、料理に光が当たることで「照り」がキレイに映るという利点も。自然光が差し込む窓際などに料理をセットするとグッドです！

その2 おいしいうちに撮影

アツアツの料理なら、湯気が上がっているうちに撮影すると、よりおいしそうに見せることができます。また、冷たい飲み物などは、コップに水滴がつきはじめるまで少し時間を置くと、冷たさが伝わりやすくなります。

その3 あえて一部のみ撮影

料理にカメラを近づけて、料理が画面から見切れるように撮ると、印象的な写真に。背景にカトラリーや小物などを写しこませると、より雰囲気が出る。背景をぼかすのもオススメです。

その4 真上のアングルから撮影

何品か料理をつくった場合は、テーブルセットをして真上から撮影するとおしゃれ。このとき、お皿を三角形に並べるとバランスがよく見えます。お気に入りのお皿を使ったり、花瓶を添えたりと工夫を楽しみましょう。

その5 緑の葉を添えて彩りをプラス

料理の仕上げにフレッシュなミントやパセリ、青ネギなどの葉ものを添えると、見た目の彩りがアップして明るい印象に。特に、暖色系の料理には反対色の緑がアクセントとなり、目を引くコントラストを演出してくれます。

その6 使った食材を周りに飾る

材料を料理の周りに飾ると、写真の見た目も華やかに。ソースやドレッシングの場合は、写真を見ても味が想像できないこともあります。そんなときにも活かしたいテクニックです。

その7 ソースはかけながら撮影

ソースやシロップをゆっくりとたらしながら撮影すると、写真に臨場感が生まれます。パンケーキやハンバーグなど、何かかけるものがポイントとなる料理の際にオススメです。撮影するときは、近くにいる家族や友人に手伝ってもらいましょう。

> **ポイント** 最近では食べ物をおいしく撮影できる専用アプリや、撮影した食べ物をユーザーと共有できるSNSも登場。これらを活用して「お料理友だち」の輪を広げるのも楽しそう。

【忙しい朝に最適！】フライパンで同時に３品 お弁当テク

お弁当づくりで一番活躍するのは大きなフライパン。
アルミカップやホイルで仕切って３分割すれば、
３種類の惣菜を一度に調理！　忙しい朝にオススメです！

一度に３品「超時短術」

1. アルミカップで卵料理
アルミカップに割った卵を落とせば目玉焼き、溶き卵を入れればオムレツやスクランブルエッグができる。

2. 主菜を焼く
焼き魚用のアルミホイルなどを敷き、切り身の魚や肉などを焼く。

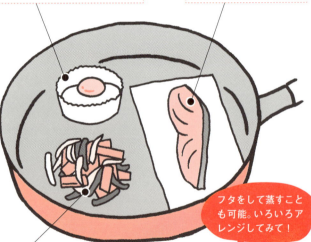

3. 野菜の副菜を炒める
残りのスペースで野菜炒めなどの炒め物をつくる。

フタをして蒸すことも可能。いろいろアレンジしてみて！

ポイント　スーパーマーケットやデパートで前日に買ったおかずをお弁当に詰める場合は、電子レンジでもよいので殺菌のために必ず加熱を。よく冷ましてからお弁当箱に詰めましょう。

【第四章】食材の保存＆つくり置きのコツ

料理をしていると悩むのが、食材の保存方法。これを誤っていたために、食材をムダにしてしまったという経験は誰しもあるはずです。この章では、食材ごとに適した保存方法を伝授。簡単で便利なつくり置きレシピも紹介します。

食材の保存
つくり置き
のコツ①

賞味期限の目安

ここでは野菜、魚、肉に分けて、賞味期限の目安を紹介します。新鮮な状態で購入した日からの目安なので、まずは12～15ページを参考に新鮮な食材を選ぶことから心がけましょう。

傷みやすい野菜

水分が多い野菜は日持ちせず、野菜室でも1～2日が限度。
まとめ買いには不向きなので、その都度購入しましょう。

もやし
1日で鮮度が下がるので、その都度購入を。

水 菜
袋の中に水分が溜まって、傷みやすい。

ホウレン草
葉が傷みやすいので、その都度購入が◎。

キノコ類
湿気に弱く、1週間程度で黒ずんでしまう。

ナ ス
低温や乾燥に弱いので2、3日しか持たない。

サヤインゲン
生の状態で1週間以上保存するのは難しい。

長持ちする野菜

水分が少なめで泥つきの野菜は比較的長持ちします。
根菜は畑に生えていたときと同様、立てて保存しましょう。

カボチャ
新聞紙に包めば冷暗所で2～3ヶ月は持つ。

タマネギ
ネットに入れ、風通しのよいところに吊るせば、常温で2ヶ月持つ。

白 菜
冬は室温で1ヶ月。夏は冷蔵庫の野菜室で4～5日は持つ。

ニンニク
ネットに入れ、冷暗所に吊るしておけば、1ヶ月は持つ。

イモ類
ジャガイモは野菜室で1ヶ月、サツマイモは冷暗所で1ヶ月持つ。

ネギ、ゴボウ
泥つきのものなら、冷暗所でネギは1ヶ月、ゴボウは2週間持つ。

イラストでよくわかる　料理の基本とコツ

お肉の賞味期限

賞味期限は鶏肉、豚肉、牛肉の順に短い。使う予定がない場合は、冷凍しましょう。

精肉の傷み易さ ※いずれもお店でパックしてから2〜3日が保存の目安。

ブロック肉
空気に触れる面が少ない。

スライス肉
ひき肉とブロック肉の中間。

ひき肉
加工時も空気に触れている。

加工肉の賞味期限

ソーセージ
開封後は冷蔵で2、3日。

生ハム
開封後は冷蔵で5日が目安。

サラミ
開封後は冷蔵で1週間。

魚の賞味期限

見極めるのが難しい魚の賞味期限。やはり長持ちのポイントは、新鮮な魚を買うこと。いずれも下処理後、冷凍なら2〜3週間が保存の目安。

鮮魚全般
冷蔵で2〜3日が保存の目安。買ったその日に食べきるのがベスト。

刺身
切った魚は空気に触れる面が多いので、買ったその日に食べきるのが◎。

食　材	賞味期限	保存方法
イカ	加熱調理で3日	内臓と軟骨、吸盤を取って冷蔵
タコ	ゆでた後4〜5日	残ったら冷凍保存
エビ	生で2日	残ったら冷凍保存
貝	海水を交換しながら3日	冷凍なら1ヶ月持つ
イクラ・スジコ	開封後3日	冷凍なら3ヶ月持つ
タラコ・明太子	開封後8日	ラップにひとつずつ包んで冷蔵

食材の保存
つくり置き
のコツ②

野菜・果物の保存

宇宙人のしわざ!?

夫：おい、このキャベツ、濡れた紙がつまってるぞ！
妻：ああ、そうするとキャベツが長持ち……。
夫：いったい誰がこんなことを……、まさか宇宙人!?

野菜や果物の保存は、温度が肝心。ここでは、冷蔵庫の野菜室で保存すべき野菜と冷暗室で保存すべき野菜の分類とその冷凍保存のテクニックをご紹介します。

野菜・果物の冷凍のコツ

野菜や果物を保存する場合、有効なのは冷凍という方法です。
野菜や果物を手早く冷凍する4つのコツをまとめました。

1. 鮮度がいいうちに冷凍
はじめから余りそうな素材は冷凍してしまう。

2. 金属製トレイで急速冷凍
熱伝導率が高いアルミのトレイにのせると速く冷凍できる。

3. 小分け & バラ冷凍
小分けにしたり、間隔を空けて冷凍すると解凍時も便利。

4. 冷凍用保存袋に入れ、空気を抜く
ラップは細かな穴があるので、匂い移りの原因に。ラップで包んだら専用の冷凍用保存袋に入れ、空気を抜いて冷凍する。

ポイント ジャガイモの芽にはソラニンという毒素が含まれているので食べられません。リンゴと一緒に保管するとジャガイモの発芽が抑制されます。

イラストでよくわかる　料理の基本とコツ

野菜室で保存する野菜・果物①

冷蔵庫の野菜室での保存に向く野菜と果物は次の通り。
右ページの「冷凍のコツ」を応用した冷凍のポイントも併せて記しました。

トマト
青いものはラップで包んで、室温で追熟させ、ヘタを下にして野菜室へ。

【冷凍のコツ】
洗ってヘタをくり抜き、【コツ④】の要領で保存。

キャベツ
芯をくり抜いて濡らしたペーパータオルを詰めてから、ポリ袋に入れて保存。

【冷凍のコツ】
かためにゆで、【コツ②④】の要領で保存。

キノコ類
シメジはパックに小穴を開けて保存。シイタケはカサを下にして保存。

【冷凍のコツ】
適量で小分けにし、【コツ②④】の要領で保存。

大 根
葉は切り離し、別々のポリ袋に入れて保存する。

【冷凍のコツ】
皮を剥いてから切り分け、【コツ②④】の要領で。

ブロッコリー
水洗いせず、ポリ袋に入れて保存。

【冷凍のコツ】
小房に分けてゆで、【コツ②④】の要領で保存。

キュウリ
ポリ袋に入れてから、立てて保存。

【冷凍のコツ】
輪切り・塩もみし、水気を切って【コツ②④】。

ニンジン
葉が付いていたら落とし、ポリ袋に入れて保存。

【冷凍のコツ】
皮をむき、千切りなど使いやすい大きさに切ってゆでたら【コツ②④】。

ピーマン
穴開きのポリ袋に入っているものは、そのまま保存。

【冷凍のコツ】
種を取って細切りにし、【コツ②④】の要領で。

ジャガイモ
光にあたると発芽するので、紙袋に入れて保存。

【冷凍のコツ】
マッシュポテトにしてから【コツ④】で冷凍。

ポイント 凍ったトマトに流水をかけると、皮がペロンと簡単に剥けます。普段から冷凍保存しておいて、トマトソースなどをつくるときに活用したいテクニックです。

野菜室で保存する野菜・果物②

野菜の中には、冷凍保存をする前に一度加熱した方がよいものもあります。
「冷凍のコツ」は86ページを参照してください。

もやし
熱湯をかけてから密閉保存すると、5日程度保存することができる。

【冷凍のコツ】
サッとゆで、水気を切ったら小分けにし【コツ④】。

カボチャ
種とワタを取ってラップをして保存。丸ごとなら新聞紙で包んで、冷暗所で。

【冷凍のコツ】
電子レンジで加熱後、【コツ②④】の要領で。

イチゴ
パックで重ねたままだと下から傷むので、密閉容器に移して保存。

【冷凍のコツ】
ヘタを取ったら、あとは【コツ②④】の要領で。

ナス
低温や乾燥に弱いのでポリ袋に入れ、新聞紙で包む。

【冷凍のコツ】
皮を剥いて電子レンジで加熱。余熱を取ったら【コツ②④】の要領で。

ホウレン草、小松菜
湿らせた新聞紙で包んで保存。

【冷凍のコツ】
ゆでて水気をしぼったら【コツ③④】の要領で。

キウイ
ポリ袋に入れて野菜室で保存。

【冷凍のコツ】
薄切りにしたら、あとは【コツ②④】の要領で。

■ 野菜の保存に影響する「エチレンガス」とは？

野菜や果物が呼吸をするときに放出されるガスのこと。野菜や果物の成熟や老化を進める働きがあります。リンゴやモモ、メロン、アボカド、ブロッコリーは特に多く放出します。キュウリ、サヤインゲン、青いトマト、パセリ、キウイ、柿などはエチレンガスの影響を受けやすいため、追熟させたいとき以外は一緒にしないようにしましょう。

ポイント ホウレン草や小松菜、春菊などの青菜は、根から十分に水を吸わせると長持ちします。保存する場合は下ゆで後、小分けにし、ラップで包んで急速冷凍→冷凍用保存袋に。

常温で保存する野菜・果物

常温での保存が基本の野菜・果物には次のようなものがあります。

タマネギ

ストッキングに入れて、風通しのいい場所に吊るす。

【冷凍のコツ】
薄切りまたはみじん切りにしたら、【コツ②④】。冷凍後は炒め物などに。

白 菜

湿らせた新聞紙で包んで、冷暗所で保存。

【冷凍のコツ】
葉と芯に切り分けてかために塩ゆでしたら、【コツ②④】の要領で。

ゴボウ

泥つきなら買ったままの状態で、冷暗所で保存。

【冷凍のコツ】
ささがき(p19)にして酢水に浸け、水気を切ったら【コツ②④】で。

ネ ギ

泥つきのまま新聞紙で包んで、冷暗所で保存。

【冷凍のコツ】
小口切りにして、あとは【コツ②④】の要領で。

バナナ

つけ根のみラップをして常温保存。

【冷凍のコツ】
輪切りにし、レモン汁をかけたら【コツ②④】で。

オレンジ

新聞紙で包み、常温で保存。グレープフルーツも。

【冷凍のコツ】
ひと房ずつ薄皮を剥いたら、【コツ②④】で。

■ 野菜もシモヤケをする!?「低温障害とは?」

野菜や果物を冷蔵庫の野菜室に入れる人は多いですが、ナスやサツマイモ、トマト、キュウリ、バナナ、パイナップルなど実は低温が苦手なものも……。長時間冷蔵庫に入れると、キュウリは皮が溶けたり、トマトは柔らかくなりすぎたりします。これは人間で言う「シモヤケ」のような状態。これらの野菜を冷蔵庫に入れるなら、発泡スチロールに入れるか、食前の数時間のみにしましょう。

ポイント ショウガの冷凍保存法は、1かけずつ切るほか、すりおろし、細切り、みじん切りなど用途に合わせて。それぞれ小分けにして平たくラップで包み、急速冷凍してから冷凍用保存袋に入れる。自然解凍、凍ったまま調理のどちらでもOK。

鶏肉の冷凍保存

食材の保存 つくり置き のコツ③

鶏モモ肉の冷凍保存

水分の多い鶏肉は傷みやすいので、水気を拭いて冷凍しましょう。

そのまま冷凍
ペーパータオルなどで水気を拭き、冷凍用保存袋で急速冷凍。

下味をつけて冷凍
皮に穴を開けてからひと口大に切り、市販の焼肉のタレなどで下味をつけて、冷凍用保存袋で急速冷凍。

鶏ムネ肉の冷凍保存

鶏ムネ肉はそのまま冷凍するとパサつきがち。気になる場合は、蒸し鶏にしたり、そぎ切りにして下味をつけたりするとよいでしょう。

下味をつけて冷凍
そぎ切りにし、市販の焼肉のタレなどで下味をつけ、冷凍用保存袋で急速冷凍。

蒸し鶏にして冷凍
電子レンジで蒸し鶏に。細かく裂いて小分けにし、急速冷凍→冷凍用保存袋へ。

その他の鶏肉の冷凍保存

■ **ササミ**
筋を取り除いてから、1本ずつラップで包み、急速冷凍→冷凍用保存袋へ。

■ **手羽先**
洗って水気を拭き、急速冷凍→冷凍用保存袋へ。

■ **ひき肉**
そぼろ煮にしラップで小分け。急速冷凍→冷凍用保存袋へ。

■ **レバー**
牛乳か氷水に15分浸して臭みを抜き、急速冷凍→冷凍用保存袋に。

ポイント 冷凍用保存袋には必ず食材名と日にちを明記しましょう。入っている食材を把握するだけでなく、賞味期限もわかるので便利です。

肉・魚の冷凍保存

スーパーの特売日にまとめて買ったはいいものの、結局使いきれずに肉や魚を無駄にしてしまったことはないですか。おいしいまま保存できる冷凍の仕方を押さえておきましょう。

豚肉の冷凍保存

薄切り肉の冷凍保存

薄切り肉はそのままだとくっついてしまいます。数枚ずつ分けて冷凍しましょう。

ラップに包んで冷凍
ラップの上に肉を3枚並べ、ラップをし、肉を並べ……と3〜4層に。全体をラップで包み、急速冷凍→冷凍用保存袋へ。

ゆでてから冷凍
しゃぶしゃぶのようにゆで、粗熱を取ったら、小分けにして、ラップで包み、急速冷凍。その後、冷凍用保存袋に入れる。

ブロック肉の冷凍保存

カレーなどに使用するブロック肉は、切り分けてから冷凍が基本です。

切り分けてから冷凍
使いやすい大きさに切り分け、急速冷凍→冷凍用保存袋へ。

ゆで豚にしてから冷凍
ブロックごとゆで豚にし、食べやすい大きさに切り、急速冷凍→冷凍用保存袋へ。

厚切り肉の冷凍保存

冷凍ヤケを起こしやすいので、必ずホイルで包んで冷凍。トンカツの衣をつけても◎。

冷凍ヤケをホイルで防ぐ
塩、コショウをして、ラップで包み、急速冷凍。冷凍ヤケを防ぐためにホイルで包み、冷凍用保存袋へ。

トンカツ衣をつけてから冷凍
筋切りをし、塩、コショウ、小麦粉、溶き卵、パン粉の順にまぶす。ラップに包み、急速冷凍→冷凍用保存袋へ。

■ ひき肉の冷凍保存

生で冷凍するなら買ってすぐ。冷凍用保存袋に入れ、薄く平らに伸ばし、箸などで筋目をつけて冷凍すると使う分だけ折って取り出せるので便利。そのほか、サラダ油で炒めたり、肉団子にして冷凍するのもオススメです。

牛肉の冷凍保存

薄切り肉の冷凍保存

生のまま冷凍するほか、下味をつけたり、炒めてから冷凍してもOKです。

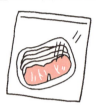

ラップで包んで冷凍
ラップの上に肉を3枚並べ、ラップをし、肉を並べ……と3〜4層に。全体をラップで包み、急速冷凍→冷凍用保存袋へ。

下味をつけて冷凍
ひと口大に切り、市販の焼肉のタレなどで下味をつけたら、そのまま冷凍用保存袋に入れ、急速冷凍。

角切り肉の冷凍保存

用途の多い角切り肉。たくさん手に入ったら新鮮なうちに冷凍保存しましょう。

バラ冷凍後、保存袋へ
塩、コショウし、急速冷凍→冷凍用保存袋へ。

焼いてから冷凍
両面をサラダ油で焼き、粗熱を取ってから、急速冷凍→冷凍用保存袋へ。

合いびき肉の冷凍保存

傷みやすいひき肉は加熱後の保存が安心。ハンバーグやミートソースにしても◎。

ハンバーグにする
ハンバーグをつくり、中まで火を通す。粗熱を取ってから、ラップで包み、急速冷凍→冷凍用保存袋へ。

ミートソースにする
ミートソース(p105)にし、冷凍用保存袋に入れて急速冷凍。

■ ハムやソーセージの冷凍保存

ハムやベーコン、ソーセージといった加工肉は、丸ごと冷凍するのではなく、使いやすい大きさに切っておくと◎。急速冷凍し、冷凍用保存袋に入れましょう。

魚の冷凍保存

アジの冷凍保存

安くておいしい庶民の味方。3枚におろしておけば幅広いメニューに使えます。

ラップで包んで冷凍
頭とかたいウロコ、ハラワタを包丁で取り、よく洗って水気を拭き、1尾ずつラップで包んで急速冷凍→冷凍用保存袋へ。

3枚おろしにして冷凍
3枚におろし、身だけを急速冷凍→冷凍用保存袋へ。

サケの切り身の冷凍保存

日本では1年中食べられる定番食材。冷凍庫に常時保存しておきたいですね。

ひと切れずつラップで包んで冷凍
ひと切れずつラップで包み、急速冷凍→冷凍用保存袋へ。

焼いてから冷凍
焼いてから身をほぐし、ラップに包んで、急速冷凍→冷凍用保存袋へ。

その他の魚介類の冷凍保存

マグロ
切り分けてからラップで包み、急速冷凍→冷凍用保存袋へ。

エビ
背ワタを取り除いてから塩ゆでにし、ラップをして、急速冷凍→冷凍用保存袋へ。

ゆでタコ
水気を拭き、使いやすい大きさに切る。ラップをしてから急速冷凍→冷凍用保存袋へ。

アサリ
塩抜きをして洗い、水気を拭いてから、冷凍用保存袋に入れて、急速冷凍。

ポイント 干物は酸化しやすいため、そのまま冷凍するのはNG。1尾ずつラップで包んでから、さらにホイルで包み、急速冷凍後に冷凍用保存袋に入れるようにしましょう。

知ればおいしい！肉の部位とオススメ料理

鶏肉、豚肉、牛肉ともに部位によって肉質や適した料理が異なります。
下図を参考に夕飯のおかずを決めてみてはいかがでしょう。

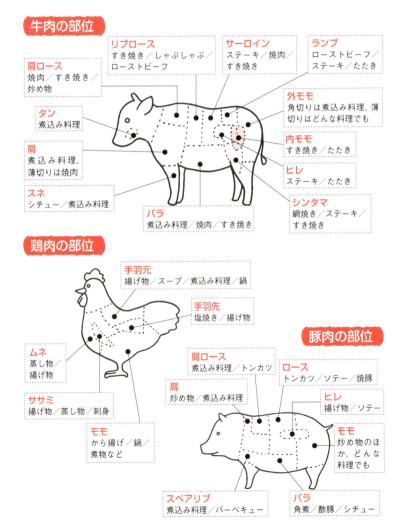

牛肉の部位

リブロース
すき焼き／しゃぶしゃぶ／ローストビーフ

サーロイン
ステーキ／焼肉／すき焼き

ランプ
ローストビーフ／ステーキ／たたき

肩ロース
焼肉／すき焼き／炒め物

タン
煮込み料理

肩
煮込み料理、薄切りは焼肉

スネ
シチュー／煮込み料理

バラ
煮込み料理／焼肉／すき焼き

外モモ
角切りは煮込み料理、薄切りはどんな料理でも

内モモ
すき焼き／たたき

ヒレ
ステーキ／たたき

シンタマ
網焼き／ステーキ／すき焼き

鶏肉の部位

手羽元
揚げ物／スープ／煮込み料理／鍋

手羽先
塩焼き／揚げ物

ムネ
蒸し物／揚げ物

ササミ
揚げ物／蒸し物／刺身

モモ
から揚げ／鍋／煮物など

豚肉の部位

肩ロース
煮込み料理／トンカツ

ロース
トンカツ／ソテー／焼豚

肩
炒め物／煮込み料理

ヒレ
揚げ物／ソテー

モモ
炒め物のほか、どんな料理でも

スペアリブ
煮込み料理／バーベキュー

バラ
角煮／酢豚／シチュー

お弁当に大活躍！

自家製！冷凍食品

食品添加物が気になるなら、自家製の冷凍食品はいかがでしょう。
材料は冷凍できるお惣菜であればなんでもOK。簡単で便利です。

自家製冷凍食品のつくり方

❶ 粗熱を取る
冷凍できる食材を使った惣菜をつくり、粗熱を取る。

❷ カップに入れる
シリコンカップなどに入れて、小分けにする。

❸ 冷凍する
金属製トレイにのせ、急速冷凍する。

❹ 冷凍用保存袋に入れる
凍ったら、冷凍用保存袋に入れる。

■ 製氷器でつくるひと口コロッケ

❶ フライパンで炒めたみじん切りのタマネギと牛ひき肉、マッシュポテトを混ぜ、コロッケの種をつくり、製氷器に詰める。

❷ 製氷器の中身を出し、小麦粉、溶き卵、パン粉の順にまぶす。その後、再び製氷機に詰め、全体を冷凍用保存袋に入れて急速冷凍。

❸ 製氷器をねじるようにして必要な数を取り出し、油で揚げるか、オーブントースターで焼く。

> **ポイント** 生卵とゆで卵を見分ける簡単な方法は、光に透かすこと。透き通る部分があるものは生卵。他にも平らなテーブルの上で回して、勢いよく回る方がゆで卵だと言われています。

冷凍保存 〜初級編〜

食材の保存つくり置きのコツ④

その他の冷凍保存

冷凍する機会が多い、ご飯やそば、うどん。ポイントを押さえれば、おいしく簡単に冷凍保存することができます。

ご 飯
ごはんが温かいうちにラップで包み、粗熱が取れたら急速冷凍し、冷凍用保存袋に入れる。

そば、うどん、中華麺
市販の麺は袋ごと急速冷凍。ゆでた麺は1食ずつ分けてラップし急速冷凍後、冷凍用保存袋に。

パスタ
ゆでて、オリーブ油をまぶし、冷凍用保存袋に入れて急速冷凍。

パ ン
1枚ずつラップに包み、急速冷凍し、冷凍用保存袋に入れる。

油揚げ
使いやすいサイズに切り、ラップをして急速冷凍後、冷凍用保存袋に入れる。

納 豆
パックのまま急速冷凍し、冷凍用保存袋に入れる。

肉・魚・野菜以外の食材を保存する際も冷凍テクニックは欠かせません。定番のそば・うどんから納豆、豆腐、卵、ヨーグルトまでさまざまな食材の冷凍保存術を見てみましょう。

 ポイント イクラを冷凍するときのコツは、冷凍用密閉容器にアルミやシリコンカップを置き、小分けにすること。これで質が落ちるのを防ぎます。

イラストでよくわかる　料理の基本とコツ

冷凍保存 〜中級編〜

一見、冷凍に不向きに見える生卵や生クリームも冷凍することが可能。
冷凍のコツを覚えれば、料理の幅が広がります。

生　卵

生卵をそのまま冷凍用保存袋に入れて保存可能。溶き卵を冷凍用密閉容器に入れて急速冷凍することもできる。

豆腐、こんにゃく

パックのまま急速冷凍。解凍してから煮物にする。凍み豆腐、凍みコンニャクの食感を楽しもう。

切り干し大根、ひじき

水で戻してから、水気を切り、冷凍用保存袋に入れて平らにし、急速冷凍する。

生クリーム

生クリームは、泡立ててから冷凍用密閉容器に入れ、急速冷凍する。

ヨーグルト

加糖タイプのヨーグルトはそのまま冷凍することが可能。食べるときはフローズンヨーグルトとして楽しんで。

ピザ用チーズ

ラップに小分けにして包み、冷凍用保存袋に入れて急速冷凍。やや乾燥するが、加熱するのであまり気にならない。

 豆腐は開封したらパッケージの水を交換しますが、こんにゃくはそのまま。こんにゃくのパッケージに入っている水はアルカリ性。殺菌効果があり、こんにゃくが長持ちします。

知っておきたい！

冷凍NGの食品

冷蔵庫の性能がどんなに進化しても、冷凍できない食材もあります。
冷凍すると味が大きく損なわれる食材もあるので、要注意です！

チョコレート
味や舌触りが変わってしまうので、冷凍に適さない。

山菜
解凍すると筋っぽくなるため、冷凍NG。

マヨネーズ
冷凍すると油分が分離してしまうので、冷凍は×。

レタス
水分の多いレタスは、解凍すると中の水分が出て、ベチャベチャになってしまうため、冷凍はNG。

ジャガイモ
生やゆでたものを冷凍すると、スカスカした食感に。マッシュにすれば問題なし。カレーのジャガイモもつぶしてから冷凍して。

ビール
ビールに限らず、炭酸飲料を冷凍すると、中のガスが膨張して破裂する危険がある。短時間冷やすという場合も注意して。

油
低温で保存すると白く濁ってしまうので、冷凍も冷蔵も適さない。

みりん
みりんは低温で保存すると中の糖分が固まったり、分離したりするので、冷蔵も冷凍も不向き。

再冷凍のもの
一度解凍したものを、再度冷凍すると風味が落ちるほか、衛生面にも問題があるので注意。

ポイント 生卵や溶き卵、薄焼き卵などは冷凍できますが、ゆで卵は冷凍すると、白身がスカスカになってしまいます。食感が悪くなるので、冷凍保存は避けた方が無難です。

イラストでよくわかる 料理の基本とコツ

知っておきたい！
解凍のテクニック

ホームパーティ用に買ったマグロの刺身をうっかり解凍し忘れていた。
でも、大丈夫。スピーディーに解凍するコツを伝授します。

刺身用マグロの急速解凍

❶ 塩を入れたぬるま湯に浸ける
ボウルに塩大さじ2と40℃のぬるま湯1リットルを入れ、温塩水をつくる。そこに凍った刺身1柵（約200グラム）を1分間浸ける。

❷ マグロの水気を取る
マグロを取り出し、キッチンペーパーで水気を拭き取る。

❸ 冷蔵室に20分置く
②を新しいキッチンペーパーで包み、ザルにのせて冷蔵室の下段に約20分置く。

冷凍食材 解凍の基本

生モノは自然解凍
肉や魚などの生モノは冷蔵室で自然解凍。冷凍用保存袋から出し、ラップのまま解凍する。

レンジで解凍
ご飯や惣菜など加熱後に冷凍したものは、電子レンジで解凍。フライなどはラップなしで。

熱湯で解凍
ブロッコリーやホウレン草など下ゆでしてから冷凍したものは、ゆでて解凍してもいい。

凍ったまま調理
冷凍した生野菜、凍ったコロッケ、加熱して凍らせたハンバーグなどはそのまま調理可。

> **ポイント** 冷暗所とは、常温（15～25℃以下）に保たれた光が当たらない場所のこと。納戸を想定したものですが、自宅にないという場合は冷蔵庫の野菜室でも代用可能です。

チャレンジレシピ

食材の保存 つくり置きのコツ⑤

つくり置き＆アレンジレシピ

ブハー

私のアレンジスムージーが〜!?

夫：なにこのスムージー？ 生臭くない？？
妻：リンゴとケールに昨日のローストビーフを…。
夫：それちょっとチャレンジしすぎだろ！

仕事にプライベートに何かと忙しい毎日。外食しがちで食生活が気になるという人は、時間の空いた週末につくり置きしてみては？ 初めての人でも簡単な6つのメニューを紹介します。

つくり置きのコツ

つくり置きをするときは、保存性はもちろん、アレンジが利くかどうかを考えてつくると、飽きずに食べきることができます。

容器、袋は清潔なものを
容器に雑菌がついていると、傷みが早くなる。必ず清潔なものを使おう。

冷蔵庫で数日保存可
冷蔵庫で保存できるものを週末につくり置きすれば、週前半は乗りきれる。

冷凍 or 常温保存の料理が◎
冷凍できる料理なら、つくりだめしておけば、お弁当にも活用できる。

アレンジの利く料理を
あれとこれと
ひとつの料理を3つ以上の料理にアレンジできると、飽きずに食べきれる。

ポイント 湿気た海苔は佃煮にしてみましょう。鍋に海苔（全形）5枚にめんつゆ、水各大さじ4（2倍濃縮）を入れ、ドロドロになるまで煮るだけです。

つくり置きレシピ① ローストビーフ

牛肉を使ったつくり置き料理の代表格であるローストビーフ。
そのまま食べるのはもちろん、さまざまなアレンジレシピも楽しめます。

ローストビーフ

【材料】
牛ブロック肉…400グラム
（モモまたは肩・常温に戻しておく）
タイム…6枚　塩、コショウ…少々
A｜タマネギ（薄切り）…1/4個
　｜ニンジン（皮ごと輪切り）…1/2本
　｜セロリ（ブツ切り）…1/3本
　｜ニンニク…1かけ
サラダ油…大さじ1/2
B｜赤ワイン100ミリリットル
　｜しょうゆ…大さじ2

【つくり方】
①牛ブロック肉に塩、コショウをし、タイムをのせ、タコ糸で巻く。
②フライパンを熱して、サラダ油を入れ、①の表面に焦げ目をつける。
③オーブンの天板にオーブンシートを敷き、Aを置き、②をのせ、途中1度裏返しつつ、180℃のオーブンで約25分焼く。焼き上がったら肉だけ取り出し、ホイルで包み、約30分寝かせる。
※天板に残った野菜と肉汁とBを小鍋に入れて、ひと煮立ちさせ、ソースにする。

バゲットサンド
半分に切ったバケットに切れ目を入れ、サラダとローストビーフを挟むだけ。

サラダ
薄く切ったローストビーフをトッピング。いつものサラダもリッチな雰囲気に。

手まりずし
ラップでご飯を包んで丸め、皿に盛り、ローストビーフで巻く。

> **ポイント** つくり置きすることが多いカボチャの煮物。飽きたら、つぶして俵型にし、小麦粉、溶き卵、パン粉の順にまぶして油で揚げれば、カボチャのコロッケに早変わりです。

つくり置きレシピ② ラタトゥイユ

さっぱりしたトマト味がおいしいラタトゥイユは南フランスの野菜煮込み。
つくり置きができるだけでなく、アレンジも利く優れものです。

ラタトゥイユ

【材料】
ホールトマト（つぶしておく）…1缶（400グラム）
ニンニク（包丁でつぶしておく）…1かけ
タマネギ（角切り）…1個
ズッキーニ（半月切り）…1本
ナス（半月切り）…1本
ニンジン（乱切り）…1本
パプリカ（乱切り）…黄・赤各1/2個
セロリ（乱切り）…1/2本　ローリエ…1枚
オリーブ油…大さじ2
白ワイン…150ミリリットル　塩、コショウ…少々

【つくり方】
①鍋にオリーブ油、ニンニクを入れて熱し、香りが出てきたらタマネギ、ズッキーニ、ナス、ニンジン、パプリカ、セロリを炒める。
②全体にほどよく油が回ったら、白ワインを注ぎ、ホールトマト、ローリエを加えて、混ぜ合わせる。
③汁気が少なくなるまで煮込み、塩、コショウで味を調える。

パスタ
ゆであげたパスタの上にのせれば、爽やかな味わいのパスタソースに早変わり。

カレー
カレーに入れれば、野菜カレーに変身。よく煮込まれているので、相性は抜群。

ドリア
ご飯に混ぜて耐熱容器に入れ、チーズを散らしオーブンで焼くだけで完成。

ポイント　つくり置きメニューではグリルチキンもオススメ。甘酢にからめ、刻んだゆで卵とらっきょう、マヨネーズを混ぜたものをのせれば、チキン南蛮風にアレンジできます。

つくり置きレシピ③ きんぴらゴボウ

和のお惣菜の定番であるきんぴらゴボウもつくり置きしやすいメニュー。
かき揚げや混ぜごはん、卵焼きの具にアレンジできます。

きんぴらゴボウ

【材　料】
ゴボウ（ピーラーでささがきにしておく）
…1本
ニンジン（細切り）…1本
ゴマ油…大さじ1/2
炒りゴマ（白）…少々
A｜しょうゆ…大さじ1
　｜みりん…大さじ1
　｜砂糖…大さじ1

【つくり方】
①鍋を熱して、ゴマ油を引き、ゴボウとニンジンを入れる。油が回ってしんなりするまで炒める。
②Aを回しかけて調味。汁気がなくなるまで煮詰める。
③仕上げにゴマを振る。

かき揚げ
天ぷらの衣にきんぴらゴボウを混ぜ、油で揚げる。きんぴらゴボウの味わいが天ぷらにピッタリ合う。

混ぜごはん
温かいご飯にきんぴらゴボウを混ぜるだけ。手軽で簡単だけど、とてもおいしいオススメの1品。

卵焼きの具
熱した卵焼き器に油を塗り、溶き卵を流し込んで半熟にし、きんぴらゴボウをのせ、巻きながら焼く。

ポイント ドライトマトも家庭で簡単につくれます。オーブンシートを敷いた天板に、トマトを並べ、塩、砂糖を振り、薄切りにしたニンニク、タイムを散らします。その後、EXVオリーブ油を回しかけて、100℃のオーブンで約120分焼くだけ。多彩な料理に大活躍です。

つくり置きレシピ④ ナポリタン

子どもから大人にまで大人気のナポリタン・スパゲティ。
たくさんつくって余ってしまった場合もアレンジすれば安心です。

ナポリタン

【材料】
- タマネギ（薄切り）…1/2個
- ピーマン（細切り）…2個
- ソーセージ（斜め切り）…4本
- マッシュルーム（スライス）…1/2缶
- サラダ油…大さじ1
- スパゲティ（ゆでておく）…200グラム
- A
  - ケチャップ…1/2カップ
  - 牛乳…大さじ2
  - ウスターソース…大さじ1
  - 粉チーズ、タバスコ…お好みで

【つくり方】
① フライパンを熱し、サラダ油を入れてタマネギ、ピーマン、ソーセージを炒める。全体に油が回ったら、マッシュルームを加える。
② スパゲティを加えて、さらに炒める。
③ Aを加えて調味。味がなじむようにしっかり炒める。

グラタン風

耐熱容器にナポリタンを入れ、チーズをのせてオーブンで焼くとグラタン風に。

イタリア風コロッケ

ナポリタンを丸め、小麦粉、溶き卵、パン粉をまぶして揚げるだけ。

ナポリタンドッグ

コッペパンに切れ目を入れて挟むだけ。ケチャップ味がパンによく合う。

 韓国料理でお馴染みの牛肉と春雨の炒め物「チャプチェ」も応用の利く一品。春巻きの皮に包んで、油でカラッと揚げれば、香ばしい変わり種の春巻きの完成。ほかにも小麦粉などと混ぜてチヂミやご飯と一緒に炒めればそばめしにもなります。

イラストでよくわかる　料理の基本とコツ

使えるソースいろいろ

ソースもつくり置きしておくと料理に幅がでます。使えるソース2種をご紹介。

ミートソース

【材料】

合びき肉…300グラム、タマネギ(みじん切り)…1個、ニンジン(みじん切り)…2本、エリンギ(みじん切り)…1本、オリーブ油…大さじ1、赤ワイン…大さじ2
(A)ホールトマト(手でつぶしておく)…1缶(400グラム)、顆粒コンソメ…10グラム、ローリエ…1枚
(B)中濃ソース…大さじ1、ケチャップ…大さじ2

【つくり方】

①鍋を熱してオリーブ油を入れ、タマネギ、ニンジン、エリンギを入れて炒める。全体に油が回ったら、合びき肉を加えて、しっかり炒める。
②赤ワインを注ぎ、アルコール分を飛ばしたら、(A)を加えて軽く煮詰める。
③(B)で味を調え、さらに約15分煮る。

こんなメニューにアレンジ！

 ナンピザ

 ペンネグラタン

 タコライス

バーニャカウダソース

【材料】

ニンニク(半分に割って芯を取る)…5かけ、牛乳…150ml、アンチョビ…6枚、エキストラバージンオリーブ油…100ml、塩…少々

【つくり方】

①鍋に牛乳を入れて温め、ニンニクを加え、竹串が通るまでゆでる。
②フードプロセッサーで①とアンチョビ、オリーブ油を撹拌する。
③塩で調味する。

こんなメニューにアレンジ！

 パスタ

ホットサラダ

 アンチョビ

【コラム】
50℃洗いってなに？

テレビなどで取り上げられ、話題となった「50℃洗い」。食材を50℃のお湯で洗うと、いったいどんなメリットがあるのでしょうか？

著書『平山式　健康食革命』より参照　協力：スチーミング調理技術研究会

■ 50℃洗いするとどうなるの？

食材を50℃で洗うと「ヒートショック」という現象が起き、細胞の気孔が開いて水分が入ることで、食材が新鮮な状態に戻ります。また50℃という温度には、野菜を腐らせる菌の繁殖を抑える効果があり、日持ちもアップ。肉や魚の表面にあるヌメリや酸化物質も取り除けるため、臭みが消え、素材本来のおいしさを味わえます。

■ 50℃洗いのやり方

準備するもの

温度計　ボウル　常温の水　沸騰したお湯

肉や魚は表面が多少白っぽくなりますが、50℃ならタンパク質は固まることはなく「生」の状態を保つことができます。

❶ 沸騰したお湯をボウルに入れ、常温の水を少しずつ足しながら、温度計の数値が50℃になるまで調整する。

❷ 野菜・果物　表面を傷つけないよう優しく洗う。葉野菜はしゃぶしゃぶをするようなイメージで。洗い終わったらキッチンタオルで水気を取る。

❷ 肉　薄切り肉なら表面をこすり洗いして1～3分、ブロック肉なら3～10分お湯につけた後、冷水につけてからキッチンタオルで水気を取る。

❷ 魚　切り身なら1～3分お湯につけヌメリや汚れを取るように優しくこする。刺身の場合は50℃弱のお湯に10～30秒入れて、氷水にとる。

・50℃洗いの時間の目安
肉：薄切り肉1～3分／ブロック肉3分または50℃漬け10分ぐらい
魚：切り身1～3分／刺身10～30秒
果物：イチゴやリンゴ1～3分、バナナ5分
葉物：1～3分　※大葉のような熱で変色する葉物は46～48℃で10～30秒
根菜：2～3分、泥つきゴボウなら3～4分

ポイント　お湯の温度は48～52℃を守ることが大切。お湯の温度が43℃以下になると、雑菌が繁殖しやすくなるため、差し湯をしながら温度をキープすることがポイントです。

【第五章】調味料・ハーブの使い方

料理の味の決め手となる、塩やしょうゆ、砂糖などの各種調味料。その味つけの基本とコツをまとめるとともに、家庭料理でも使われることが増えてきたローリエなどの西洋ハーブの使い方と保存方法を紹介します。

合わせ酢のつくり方

調味料・ハーブの使い方①　合わせ調味料

和食に欠かせない合わせ酢。おもなレシピは以下の通りです。

【合わせ酢①】
二杯酢

酢………………大さじ2
しょうゆ………大さじ2

酢の酸味をやわらげるために、だしを加える調味も広がっており、現代の二杯酢は「酢2：しょうゆ2：だし1」が基本という声も。

【合わせ酢②】
三杯酢

酢………………大さじ1½
しょうゆ………大さじ1½
みりん…………大さじ1½

みりんは煮切っておく。みりんがない場合は砂糖で代用可。

酸味が利いた二杯酢は、アジやコハダなど青魚の酢の物に。まろやかな甘みのある三杯酢は、魚介や海藻、野菜の酢の物やサラダによく合うよ。

【合わせ酢③】
寿司酢（米3カップ分）

米酢………75ml
砂糖………大さじ3
塩…………小さじ2

そのままビンに入れてひと晩おく。

【合わせ酢④】
甘酢

酢…………大さじ4
砂糖………大さじ2～4
塩…………小さじ1

小鍋で火にかけて砂糖を煮とかし、粗熱が取れたらビンに入れて冷蔵。

ポイント　ニンニクやショウガなどが残ったら、お好みの酢にしばらく浸けてみましょう。それをサラダやマリネなどに使うと、ひと味違う仕上がり。

基本の合わせ調味料を知れば、市販のタレやドレッシングに頼らずに料理の味つけができるようになります。冷蔵庫に不要な調味料が増えることもなくなるので、ぜひ覚えておきましょう。

その他の合わせ調味料

めんつゆやドレッシングなども、簡単に自宅でつくることができます。

あえ衣のつくり方

ゴマあえ
すりゴマ…大さじ3
（白・黒はお好みで）
砂糖………大さじ2
しょうゆ…大さじ1

酢みそ
酢…………大さじ3
みそ………大さじ3
砂糖……大さじ1½

すりばちやフードプロセッサーを使って、よく混ぜ合わせるのがポイント。

つゆのつくり方

てんつゆ
だし………1カップ
みりん……50ml
しょうゆ…50ml

みりんを煮切ってから、だし、しょうゆを加えて、ひと煮立ちさせる。

めんつゆ
だし………3カップ
みりん……½カップ
しょうゆ…½カップ
砂糖………小さじ2

みりんを煮切り、しょうゆと砂糖を加えて軽く煮立てる。火から外してだしを加え、粗熱が取れたらビンに入れて冷蔵。

ドレッシングのつくり方

POINT ドレッシングは酢に塩、コショウを入れて溶かし、油を少しずつ加えてつくります。

ビネグレット
（フレンチドレッシング）
エクストラバージン
オリーブ油…大さじ3
ワインビネガー…大さじ1
塩・コショウ……少々

和風ドレッシング
酢…………大さじ2
しょうゆ…大さじ1
ゴマ油……大さじ1
塩・コショウ…少々

ノンオイルドレッシング
しょうゆ……………大さじ2
柑橘類のしぼり汁…大さじ2
ショウガ汁…………小さじ2
青シソの千切り……少々

ポイント めんつゆに飽きたらマヨネーズをプラス。コクが加わり、そうめんやうどんが新しい味わいに。またフレンチドレッシングにめんつゆを加えると、手軽に和テイストに大変身！

調味料・ハーブの使い方②

基本の調味料

この値段の差は何？

（イラスト：￥2,000の天日塩と￥300の塩）
「マジで!?」「ちょっと…」

夫：おい、3階の田中さんの奥さん、2000円の塩を買ったゾ！
妻：ちょっと！　ジロジロ見ないで。きっと血圧が下がるのよ。
夫：そういうもんなの??

塩や砂糖、しょうゆ、みそ、みりんなど、基本の調味料の特徴を知っておくとよりおいしい料理がつくれます。今まで使い分けたことがないという人もこの機会にチェックしてみましょう！

塩の種類　賞味期限 なし

一般的に肉には岩塩、魚には海の塩が合うとされています。
食卓塩は調味に使わないように気をつけましょう。

精製塩
海水を蒸発させ、塩化ナトリウム含有量を99.5％以上に精製したもの。

天日塩
海水を塩田で太陽（天日）によって乾燥させた塩。

平釜塩
海水を釜で煮詰めてつくる塩。その他、海藻からつくる「藻塩」、湖で採れる「湖塩」もある。

岩塩
岩塩抗で自然結晶したもの。土中のミネラルが染み込んでいる。

ポイント　塩や砂糖は密閉した容器に入れ、冷蔵庫などの乾燥したところに収納すると固まりません。塩には、炒った米を一緒に入れると効果あり。

砂糖の種類

賞味期限 **なし**

意外と種類が多いのが砂糖。代表的な砂糖の特徴を見てみましょう。

上白糖
さとうきびやテン菜の糖分を結晶化。どんな料理にも合う日本特有の砂糖。

グラニュー糖
さとうきびやテン菜から結晶化したショ糖を抽出。世界的に最も一般的な砂糖。

三温糖
グラニュー糖や上白糖を精製した後に残った糖蜜を加熱してつくられる砂糖。

粉糖
グラニュー糖を細かくすりつぶしたもの。

きび砂糖
精製途中の砂糖液を煮詰めたもの。さとうきびの風味とミネラルが生きている。

和三盆
主に香川県や徳島県などで生産されている砂糖。独特の工程を経てつくられる。

しょうゆの種類

賞味期限 開栓後 **冷蔵1ヶ月**

日本の伝統的な調味料。濃口、薄口、たまりじょうゆなどがあります。

濃口しょうゆ
日本のしょうゆの生産量の8割を占めるしょうゆ。香りやコクがあり、煮物にぴったり。

薄口(淡口)しょうゆ
高濃度の食塩で発酵・熟成を抑え、醸造期間を短くしたしょうゆ。色は淡いが、塩分量は濃口しょうゆより2％高い。

たまりじょうゆ
大豆を蒸してみそ玉をつくり、麹菌を植えつけ、塩水に仕込んで1年間熟成させて醸造するしょうゆ。中部地方で好まれる。

■ その他のしょうゆ
蒸した小麦を原料に、炒った大豆を少量用いた麹から低温・短時間発酵させてつくられる「白しょうゆ」は、うどんの汁に用いられるほか、料理の隠し味として使われる。

> **ポイント** 筑前煮やきんぴらなど、香りやコクをつけたいものには「濃口しょうゆ」、うどんつゆや吸いものなど、色づきを抑えて素材の風味を生かしたい料理には「薄口しょうゆ」が◎。

みその種類

> 賞味期限
> 開栓後
> 冷蔵 **2ヶ月**

みそは凍らないので冷凍庫での保存が可能。賞味期限は冷蔵と同様です。

米みそ
米と米麹でつくられた一番ポピュラーなみそ。仙台みそや信州みそもこの種類。

麦みそ
九州地方や山口、愛媛で主につくられているみそ。麦麹と大豆を使っている。

豆みそ
主に東海地方（愛知、三重、岐阜）でつくられているみそ。大豆と塩が主原料。

■ **白みそと赤みその違いは？**
米と米麹の割合によって「白みそ」、「赤みそ」に分けられる。米麹の割合が多く甘口なのが「白みそ」。塩辛く、濃い褐色なのが「赤みそ」。

酢の種類

> 賞味期限
> 開栓後
> 常温で**半年**
> 冷蔵で**1年**

米酢、穀物酢、ワインビネガー、果実酢などはすべて醸造酢。
穀物酢はクセがなく、すっきりした味わいでどんな料理にも合います。

米 酢
主に米を原料にした酢。甘みのあるまろやかな酸味。

穀 物 酢
原料は小麦やコーンなどの穀物。すっきりとした酸味。

黒 酢
原料は小麦や玄米。発酵・熟成しており、コクがある。

ワインビネガー
ワインを酢酸発酵させた酢。華やかな香りが特徴。糖度が低く酸味が強い。

バルサミコ酢
ブドウの濃縮液とワインビネガーを樽に入れて熟成。芳醇な香りと濃厚な味わい。

果 実 酢
リンゴなどの果実からつくられた酢。フルーティな香りと酸味が楽しめる。

ポイント 酢は殺菌効果が高いので、後片づけのときにも使えます。調理後に酢をつけたフキンで包丁やまな板、調理台などを拭いておくのもオススメです。

コショウの種類

賞味期限
冷暗所で
2〜3年

世界的には黒コショウ、白コショウ、ピンクペッパーが主流。日本で親しまれているコショウは黒コショウと白コショウをブレンドしたオリジナル商品です。

白コショウ
（ホワイトペッパー）
赤く完熟したコショウの皮を取り、天日乾燥させたもの。白身魚や鶏肉などの淡白な食材に合う。

黒コショウ
（ブラックペッパー）
熟す前の緑色のコショウの実を天日乾燥させたもの。香りが強く、ステーキやサラダに合う。

ピンクペッパー
ショウボクの果実を乾燥させたものが一般的。料理を華やかに仕上げたいときに使われる。

グリーンペッパー
タイ料理では、生コショウ＝グリーンペッパー（プリックタイオーン）が炒め物などによく使われている。

みりんの種類

賞味期限
開栓後
6ヶ月

本みりんはアルコール分約14％に対して、みりん風調味料は1％未満。
実は、本みりんは酒類を販売しているお店でしか購入できません。

本みりん
もち米と米麹に焼酎を加えてつけ込み、醸造したもの。アルコール分が高いので煮切って使用することが多い。

みりん風調味料
うまみ調味料や水あめなどを加えて、みりんに味を似せたもの。アルコール度数は1％未満。

■ みりん風調味料の保存法
アルコール分が低い「みりん風調味料」は開栓後、必ず冷蔵保存。

ポイント スイカの甘みを引き立たせるのに有効な調味料というと、最初に思い浮かぶのは「塩」。でも実は、黒コショウとの相性も◎。黒コショウはイチゴにもよく合います。

油の種類

料理に使う油には、植物性のオイルと動物性のバターがあります。
料理に特別な香りをつけたくない場合はサラダ油を選ぶのがベターです。

植物性油脂の種類

賞味期限
開栓後
1〜2ヶ月

サラダ油
生食できる食用油の総称。コーン油、なたね油、大豆油などがある。

ゴマ油
ゴマの種を圧搾してつくられる油。風味が強いので香りづけなどに。

オリーブ油
オリーブの実を圧搾してつくられる油。酸化しにくいオレイン酸を豊富に含む。

ココナッツオイル
ココヤシの胚乳を抽出してつくられる油。スキンケアに使われるケースも。

■ **エクストラバージンオリーブ油とは？**
EXV（エクストラバージン）オリーブ油は、搾った果実をろ過しただけのもの。ピュアオリーブ油は、EXVオリーブ油に精製オリーブ油をブレンドしたものを指す。

バター・マーガリンの種類

賞味期限 開栓後
バター **2週間**
マーガリン **1ヶ月**

バター
牛乳の脂肪分を凝固させたもの。食塩不使用と有塩（加塩）がある。

発酵バター
原料の牛乳を一度、乳酸発酵させてから脂肪分を凝固させたバター。

マーガリン
精製した油脂に粉乳や発酵乳、塩などを加えて乳化し、練り合わせた加工食品。

バターは自宅でも意外と簡単につくれます。乳脂肪分40％以上の生クリームをビンに入れて、フタをしてひたすら振るだけ。また、生クリーム250ミリリットルに対して、プレーンヨーグルト大さじ1を加えて、ひと晩おいてから振ると発酵バターがつくれます。

からしの種類

賞味期限
開封後
1ヶ月

食感が楽しいマスタードピクルスなどのニューウェーブも登場。
和がらしは辛みをつけたいとき、洋がらしは風味を守りたいときに使います。

和がらし
オリエンタルマスタードの種子を粉末にした「粉からし」を水で練ったもの。

洋がらし
カラシナ類の種の粉末に、水や酢、小麦粉などを加えて練ったもの。

粒マスタード
マスタードの種をワインやビネガーに漬け込んだもの。

フレンチマスタード
マスタードの種子の粉末をワインやビネガーと練り合わせたもの。ディジョンマスタードとも。

マスタードピクルス
プチプチした食感が楽しい、マスタードシードの酢漬け。

わさびの種類

賞味期限
開封後
1ヶ月

最近では海外での日本食ブームもあって、活躍の場を広げているわさび。
洋食に合わせるなどして、新しい味覚を発見してみては？

生わさび
日本原産の植物「本わさび」。おろし金などで、葉柄（茎）からすりおろして使う。

練りわさび
おろした生わさびをチューブに入れたもの。西洋わさび（ホースラディッシュ）をブレンドしたものも多い。

粉わさび
わさびを粉末状にしたもの。水で溶いて使う。長時間おくと辛みが抜けてしまう。

 通常、豚の角煮につけるのは和がらしですが、わさびをつけてみるのもまた一興。脂がのったサーロインステーキなどもわさびじょうゆで食べると、さっぱりといただけます。

調味料・ハーブの使い方③

ハーブの基本

葉っぱだし同じでしょ？

夫：このバジルソース、スースーしてうまいね！
妻：バジル足りなくて、ミントを足したんだけど……。
　　この人、なんでもいいのね。

爽やかな香りが食卓を彩るハーブや香味野菜。肉や魚の風味づけや臭み消しに用いるほか、料理やスイーツのトッピングに大活躍です。使い方をおさらいして上手に活用しましょう。

基本のハーブと使い方

ハーブには実に多くの種類があります。
代表的なハーブの特徴と使い方をまとめました。

バジル
甘い香りとさわやかな辛みが特徴。バジルの葉と松の実、粉チーズ、オリーブ油を撹拌した「ジェノバペースト」は有名。

イタリアンパセリ
おだやかな香りが特徴。料理の香りづけのほか、刻んで料理の仕上げに振ったり、天ぷらに使ったりすることも。

ポイント 料理の機会が少ない人にオススメの調味料は「クレイジーソルト」。岩塩とハーブをミックスしているから、どんな料理にも使えます。

ローズマリー

甘く刺激的な香りとほろ苦さが特徴。肉や魚料理、ジャガイモをはじめとした野菜料理の香りづけなど幅広く使われる。

タイム

ほのかな苦みと清涼感のある香りが特徴。魚介類やラム、チキンのソテー、肉や魚の煮込みなどに使われる。

ローリエ

月桂樹の葉。清涼感のある香りが特徴。欧州では古くから親しまれてきた。英名はベイリーフ。シチューやロールキャベツなどの煮込み料理によく使われる。香りが強いので入れ過ぎに注意。

セルフィーユ

上品な甘い香りが特徴のハーブ。「美食家のパセリ」とも呼ばれる。英名はチャービル。スープや白身魚の料理、サラダのソース、スイーツのトッピングなどに使われる。

ミント

主にスペアミント、ペパーミントが流通。すっきりとした清涼感が特徴。スイーツのトッピングやハーブティー、カクテルの材料として使われることも。

パクチー（コリアンダー）

中国では「香菜（シャンツァイ）」、英語では「コリアンダー」と呼ばれるパセリの一種。エスニック料理の香りづけには欠かせない存在。

 最近ではホームセンターやスーパーマーケットで、バジルやイタリアンパセリなどの鉢植えを見かけることも。新鮮なハーブを味わいたいなら、育ててみましょう。

唐辛子の種類

鷹の爪
完熟して赤くなった唐辛子を乾燥させたもの。漬物やパスタソースなどに用いられる。

一味唐辛子
完熟して赤くなった唐辛子をすりつぶして粉末にしたもの。そばやうどん、焼鳥のトッピングに。

■ 一味、カイエンヌペッパー、チリパウダーはどう違う？
一味とカイエンヌペッパーは赤唐辛子を粉末にしたもの。チリパウダーは、唐辛子を主体にクミン、オレガノ、パプリカなどのスパイス・ハーブをブレンドした調味料です。

ニンニクの種類

生ニンニク
独特の風味があり、香りづけや臭み消しに使われるほか、すりおろして薬味として用いることもある。

ガーリックフレーク
ニンニクを薄切りにし、乾燥させたもの。水で戻してから、グリルやソテーなどに使うこともある。

■ ガーリックパウダーって？
乾燥ニンニクを粉末状にしたもの。肉や魚の下味に用いるほか、スープやグリルなどにも。

その他のハーブ

大葉
清々しい香り。強い防腐作用がある。刺身のツマとして添えるほか、天ぷらとして揚げてもおいしい。

ショウガ
根ショウガ。すっきりとした香りで、風味づけや臭み消し、薬味など、幅広い用途に使われる。

山椒
爽やかな香りと辛みを持つ、山椒の実を粉状にしたもの。鰻の蒲焼きや吸い物などによく使われる。

実山椒
山椒の実。佃煮や塩漬け、水煮などで売られている。黒コショウやマスタードの代わりに使用することも。

ニンニクの皮が剝けないときは、皮の上からビンをたたきつけると皮に亀裂が入り、簡単に剝けます。調理台にビンを打ちつけないようにフキンなどを敷いておきましょう。

ハーブの保存法

少しでも長くハーブの香りを楽しむには、保存法も大切なポイント。
悪くなる前に冷凍や乾燥させるのも重要です。

数日は水につけて
購入後、数日間はグラスに水を入れ、ハーブを生けると長持ち。上からビニール袋をかぶせることで乾燥を防ぐ。

冷凍する
ハーブ全体をラップでくるみ、フリーザーバッグに入れて冷凍する。使いやすいように刻んでもOK。

ドライハーブに
ハーブをヒモや輪ゴムで束ね、逆さにして吊るし、乾燥させる。ピンチハンガーなどを利用してもいい。

余ったハーブの利用法

イタリアンやフレンチのメニューをつくりたくてハーブを買っても、
1パック使い切れないことも。そんなときの利用法を紹介します。

ハーブバターにする
イタリアンパセリやセルフィーユなどは刻んでバターに混ぜてみて。魚のムニエルやチキンソテーなどに使える。

フレーバーオイルにする
ローズマリーやタイムなど、香りが強いハーブはオリーブ油やワインビネガーに浸け込んで、調味料としても。

ピュレにする
バジルやイタリアンパセリなどは、少量の水やオリーブ油と一緒にフードプロセッサーにかけるとピュレにできる。

入浴剤やお茶、リースにも
ローズマリーはお風呂に入れたり、ローリエはお湯で戻してお茶として楽しんだり、リースの花材に使っても◎。

ポイント ショウガは皮に強い香りがあるので、細かいおろし器で皮ごとおろして使いましょう。ショウガの皮を剝く場合は、ティースプーンで表面をこすると簡単に剝けます。

調味料・ハーブの使い方④

味つけのタイミング

よく言われる料理の「さしすせそ」。どうしてこの順番なのか、どんな意味なのか知らない人も多いのでは？ 調味料を入れる順序とタイミングについて考えてみましょう。

料理の「さしすせそ」って？

さ　し　す　せ　…そ　？

何だっけ？　　ソースでしょ！？

夫：調味料の「さしすせそ」の「そ」ってなんだ？
妻：ソースでしょ！
夫：なるほど！ そうか！ （※違います）

味つけの基本は「さしすせそ」

さ「砂糖」　し「塩」
す「酢」　せ「しょうゆ」

そ「みそ」

さ …酒、砂糖。砂糖は浸透が早く材料をかたくするため、酒を加えてから入れるのが◎。

し …塩。少しずつ加えて味を見る。

す …酢。煮立てると風味が飛ぶので半量は仕上げに。

せ …せうゆ＝しょうゆ。香りを生かすには半量は仕上げに。

そ …みそ。しょうゆ同様香りが飛ぶので、最後に加える。

この順番は先人の知恵。味つけの際は意識してみましょう。

ポイント みりんには、食材のたんぱく質を固める働きがあります。味つけの際は最後に入れて、照りやコクを出すようにしましょう。

知っておきたい味つけの基本

味つけは料理のできを左右する重要な局面、それだけに失敗したくないもの。
調理するときに注意したい基本的なポイントをまとめました。

しょうゆ&みその味つけ

しょうゆは仕上げに

しょうゆは煮立てると香りが飛ぶので、最後に少量加えて香りづけをする。

みそを入れたら煮立てない

しょうゆ同様、みそ煮も半量のみそで煮込み、仕上げに残りを加えよう。

カレー粉&ルウのタイミング

カレー粉はよく炒める

カレー粉の香りを出すため、よく炒めてから、スープを加えるといい。

ルウは野菜が煮える前に

カレーをつくるときには、野菜が完全に煮える前にルウを加えると味がしみ込み、水っぽくならずに済む。

牛乳&ワインの基本

牛乳は煮立てない

乳製品を煮立てると脂肪とたんぱく質が分離して、見た目も風味も損なわれる。牛乳は煮立てないように注意。

赤ワインは煮はじめに

ビーフシチューは肉を炒めてスープを加えたら赤ワインを投入。肉にワインの風味が浸透してコクが出る。

 砂糖が固まっていたら、砂糖のビンにオレンジやグレープフルーツの皮を入れ、白い部分を下にしてフタを閉めましょう。1日置くとほぐれやすくなっているはず。

仕上げに入れておいしさUP

料理が完成したら、最後にひと工夫。味の変化が楽しめます。

カレー×
ココナッツオイル

食べる直前のカレーにココナッツオイルを加えると、タイカレー風の味わいに。

クリームシチュー
×粉チーズ

味が物足りないとき、クリームシチューに粉チーズを加えると、味わいが増す。

カボチャの煮物
×バター

カボチャの煮物にバターを加えると、香りとコクが増し、スイーツ風に変身。

ポテトサラダ×
バルサミコ酢

ポテトサラダにバルサミコ酢を加えると、風味が増し、デリ風のおかずに変身。

みそ汁×
オリーブ油

食べる直前のみそ汁にオリーブ油を加えると、爽やかな香りが漂って食欲が増す。

すき焼き×
コチュジャン

すき焼きに韓国辛みそ「コチュジャン」を加えれば、プルコギ風の味に仕上がる。

味つけに失敗したら？

シチューやワイン煮込みなど、牛乳やワインを使う際は注意すべき点があります。

炒め物に塩を
入れすぎた

材料を足すか、中華スープと水溶き片栗粉を加えてあんかけにする。

煮物にしょうゆを
入れすぎた

煮物にしょうゆを入れすぎたら、砂糖を投入。塩辛さが穏やかになる。

煮物や煮込みに
酒を入れすぎた

煮物や煮込みに酒を入れすぎたら、強火にしてアルコールを飛ばそう。

 あまり自炊をしないという人にオススメの調味料は、オイスターソース。野菜炒めの仕上げに加えるだけで、本格的な味に大変身！ カレーのコク出しにも使えます。

> 使える!

ちょい足しで簡単
隠し味でおいしく

いつものメニューに隠し味を加えるだけで、驚きの食感や味わいに！
どこでも買える材料ばかりなので、試してみましょう。

料理を変える隠し味

【隠し味その1】
カレーにチョイ足し

カレーにビターチョコレート、インスタントコーヒー、オイスターソースなどを少量加えるとコクが増して、おいしさが倍増。

【隠し味その2】
シチューにみそ

クリームシチューには白みそ、ビーフシチューやミートソースには赤みそを加えるとグンと味に深みが出る。

【隠し味その3】
湯豆腐に重曹

湯豆腐に重曹を少量加えると、豆腐がとろとろの食感になる。冬にぴったりのチョイ足し。

【隠し味その4】
ホットケーキにみりん

ホットケーキやお好み焼きにみりんを加えると、ふんわり焼き上がる。なかにはマヨネーズを加えるという人も。

> **ポイント**　煮物が色よく仕上がったのに味がしない、などという経験はないでしょうか。イモやニンジンなどの根菜類は柔らかくなってから調理した方がよく味が染み込みます。まずは下ゆでしてみましょう。また砂糖と塩の順番が逆だと味が染み込みにくいので注意。

【キッチンを使いやすく！】
お役立ち100均グッズ

100円均一ショップには、料理に役立つものがいっぱい。
100均グッズを使った整理術からお役立ちグッズまでを紹介！

100均グッズの整理術

【整理術その1】
スパイスや粉類は同じビンやケースに

スパイスや粉類の容器はメーカーによってさまざま。100均ショップで同じ容器を購入し、詰め替えると見た目がスッキリ。

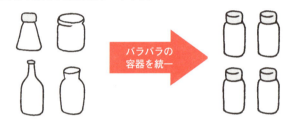

【整理術その2】
中身がわかるようにラベルを貼る

同じ容器に詰め替えると中身がわかりにくいので、マスキングテープを貼り、内容物を書いておこう。

【整理術その3】
ボトルやビンはラックに入れて整理

ボトルやビンをキレイに整列させるには、書類ケースなどを活用して、立ててしまおう。

ポイント 調味料の保存は、「液体→冷蔵庫」、「粉末→直射日光を避けて常温」が基本。特にマヨネーズやオイスターソースなどの動物性たんぱく質を含んでいるものは冷蔵庫へ。

お役立ち100均グッズ

密封シーラー

スナック菓子の袋をステープラーのように両側から挟むことで、熱で溶かして封をするグッズ。

袋キャップ

小麦粉やパン粉などの袋に取りつけて、キャップから中身を取り出せるようにするグッズ。

おろしスプーン

おろし金のついたスプーン。ショウガやニンニク、レモンの皮などを少量入れたいときに便利。

紙パッククリップ

紙パックの牛乳やジュースの注ぎ口に取りつけて、冷蔵庫からのニオイ移りや子どもがこぼすのを防ぐ。

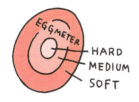

エッグタイマー

卵と一緒にゆでることで、卵の加熱状態を知らせてくれる。

ミルクフォーマー

手軽にカプチーノの泡がつくれる極小ハンドミキサー。

ポイント 海苔やせんべいなどの缶に入っている乾燥剤「シリカゲル」は、ピンクになると効果切れ。電子レンジで約2分加熱し、ブルーに戻ったら効果が復活、再利用できます。

■ 参考文献

佐々木麻子監修『作りおき ストックおかず』(エイ出版社)
佐々木麻子ほか監修『インスタント食堂』(宝島社)
『特集アスペクト32 料理のコトバがわかる本』(アスペクト)
徳江千代子監修『賞味期限がわかる本』(宝島社)
渡邊香春子『調理以前の料理の常識』(講談社)
『お料理1年生応援BOOK』(主婦の友社)
日本調理科学会編『料理のなんでも小事典』(講談社)
『だれにも聞けない料理のギモン解決します!』(主婦の友社)
『覚えておきたい! 料理の基本123』(扶桑社)
『クッキング基本大百科』(集英社)
渋川祥子・牧野直子監修『料理と栄養の科学』(新星出版社)
内田麻理香『台所科学 ワザいらずの料理のコツ』(角川SSコミュニケーションズ)
『キッチンの必需品! 食材の下ごしらえと保存』(世界文化社)
『無駄なくスピード・クッキング! 冷凍保存節約レシピ』岩崎啓子(日本文芸社)
堀江ひろ子『食の冷凍・解凍 保存事典』(ブックマン社)
青果物健康推進委員会監修『野菜ソムリエ おいしい野菜とフルーツの見つけ方』(小学館)
小松美枝子・小松紀三男『ハーブの事典』(成美堂出版)
ドミニク・コルビ『調理場1年生からのミザンプラス講座 ーフランス料理の素材の下処理ー』(柴田書店)
『賢く作ると、なるほどおいしい! 肉料理の百変化』(集英社)
『おうちでシェフ味 人気のビストロごはん』(世界文化社)
中野寿雄『美味しいフランス家庭料理』(大泉書店)
土井善晴『日本の家庭料理独習書』(高橋書店)
杉田浩一・比護和子・畑耕一郎『日本料理のコツ』(学習研究社)
青木敦子『調味料を使うのがおもしろくなる本』(扶桑社)
キムアヤン『おいしい味の秘密 調味料のコツ』(主婦の友社)
『料理ならおまかせ スピードおべんとう』(世界文化社)
『経済的で健康を考えたお弁当の基本』(SSコミュニケーションズ)
『決定版 炊飯器で絶品レシピ』(主婦の友社)
濱田美里『簡単! びっくり! 炊飯器クッキング』(主婦と生活社)
久保香菜子『美しい盛りつけの基本』(成美堂出版)
落合務『ちゃんと作れるイタリアン』(マガジンハウス)
日本ベジタブル&フルーツマイスター協会『野菜のソムリエ「ベジフル キッチン」栄養と保存と調理の知恵』(幻冬舎)
『別冊宝島1157号 おばあちゃんの知恵袋 特別編集 本当に役立つ お料理便利帖』(宝島社)
『レタスクラブ生活便利シリーズ① 困ったときの料理の基本』(SSコミュニケーションズ)
杉田浩一『新装版 「こつ」の科学 調理の疑問に答える』(柴田書店)

■ 監修者紹介

佐々木麻子（ささき・あさこ）
Food Artist・文筆家。
1975年、神奈川県・横浜生まれ、茅ヶ崎育ち。
法政大学文学部日本文学科在学中に赤堀料理学園フードコーディネーター科を卒業。大学卒業後、編集プロダクション、広告制作会社などを経て、編集・ライターとして独立。仕事の傍ら、ジュニア野菜ソムリエを取得し、横浜のアートスペース「BankART」でイベント店舗「Asako's Bar」を営業するなど食の世界へ携わるようになる。

2009年渡英。ロンドン郊外の公立カレッジ「Redbridge College」のシェフコースに通いながら、現地のミシュランレストランやベジタブルカフェの厨房を経験。帰国後もイタリア・ボローニャの料理学校に留学するほか、「フランス料理文化センター」主催のフランス料理基礎コースを受講するなど研鑽を積んでいる。

渡欧期間を含む2009年から現在まで、欧州・アジアを中心に100都市以上で食探訪を続けているため、和食を中心に、外国料理のメソッドを取り入れたレシピ開発が得意。
また Food Artist として、韓国やマレーシアのアートスペースに滞在。ワークショップを行なうなど、海外での活動も広げている。

現在は、広告や雑誌のライティング、レシピ作成、フードスタイリングなどを担当。2011年からは「Conceptual Eat」をテーマに展覧会のケータリング料理などに携わっている。

著書は『作りおき ストックおかず』（エイ出版社）、『レトルト食堂』（共著、宝島社）など。詳しくは、ブログ「Asako のしあわせ彩時記」（https://asakosasaki.amebaownd.com/）まで。

■ 監修者から一言

進学や就職、結婚などで初めて料理をする方はもちろん、料理が苦手な方にもわかりやすい書籍を目指して編集部の皆さんと一緒につくりました。

つくり置きや常備菜に関しては、海外でも手に入りやすい材料のものも多く紹介していますので、留学や転勤など初めて海外生活をする方にも役立つ内容になっていると思います。

いつもご自宅のキッチンに置いて、ご利用いただけるとうれしいです。

著者略歴
◎ミニマル
「食」「カルチャー」から「マナー」「教育」まで、さまざまなテーマのコンテンツ制作を行っている編集プロダクション。丸茂アンテナ、山越栞、大崎メグミが編集・執筆を担当。

◎ BLOCKBUSTER（ブロックバスター）
デザイナー、イラストレーター、ライター、フォトグラファーなどで構成されたクリエイターチーム。書籍や雑誌記事、ウェブコンテンツの制作を手がけている。後藤亮平がイラストを担当。

イラストでよくわかる
料理の基本とコツ

平成28年6月23日　第1刷

著　　　者	ミニマル + BLOCKBUSTER	
監　　　修	佐々木麻子	
発　行　人	山田有司	
発　行　所	株式会社　彩図社 東京都豊島区南大塚 3-24-4 ＭＴビル　〒170-0005 TEL：03-5985-8213　FAX：03-5985-8224	
印　刷　所	シナノ印刷株式会社	
カバーデザイン	小澤尚美（NO DESIGN）	

URL http://www.saiz.co.jp　Twitter https://twitter.com/saiz_sha
© 2016.Minimal, BLOCKBUSTER Printed in Japan.　　ISBN978-4-8013-0156-6 C0077
落丁・乱丁本は小社宛にお送りください。送料小社負担にて、お取り替えいたします。
定価はカバーに表示してあります。
本書の無断複写は著作権法上での例外を除き、禁じられています。